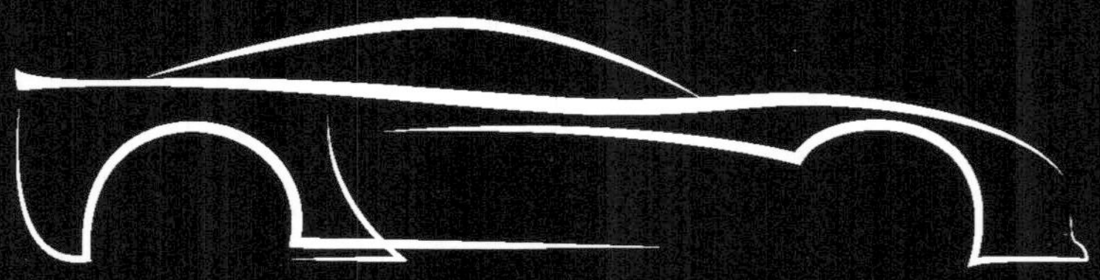

THE LEGENDARY MODELS

Ferrari

名车传奇 法拉利

【意】萨韦里奥·维拉（Saverio Villa）文

【意】马可·德·费班尼斯·曼菲托（Marco De Fabianis Manferto）图

童轲炜 刘爽 译

机械工业出版社
CHINA MACHINE PRESS

恩佐·法拉利是汽车历史上赫赫有名的人物，他倔强且传奇的一生造就了法拉利这个为速度而生的品牌。本书的第一部分描述了恩佐·法拉利从出生到成为赛车手，再到创建法拉利品牌的一生经历，以及法拉利品牌之后的辉煌。恩佐·法拉利如何与汽车结缘？跃马又从何而来？法拉利为什么能够从诞生起便与冠军为伴？这都将在恩佐·法拉利的非凡阅历中一一呈现。本书的第二部分则从法拉利公司自创建以来所推出的车型中，挑选了40款重要车型进行详细介绍，其中包含法拉利的赛事经历以及在民用车领域的发展。

Ferrari: The Legendary Models / by Saverio Villa and Marco De Fabianis Manferto / ISBN 978-88-544-0847-0

图书在版编目（CIP）数据

名车传奇：法拉利 /（意）萨韦里奥·维拉（Saverio Villa）文；童轲炜，刘爽译. —北京：机械工业出版社，2017.5
书名原文：Ferrari:The Legendary Models
ISBN 978-7-111-56624-3

Ⅰ.①名… Ⅱ.①萨… ②童… ③刘… Ⅲ.①跑车—介绍—意大利 Ⅳ.①U469.11

中国版本图书馆CIP数据核字（2017）第082395号

机械工业出版社（北京市百万庄大街22号 邮政编码100037）
策划编辑：李 军 责任编辑：李 军 何士娟
责任校对：佟瑞鑫 责任印制：李 飞
北京汇瑞嘉合文化发展有限公司印刷
2017年7月第1版第1次印刷
235mm×296mm · 13.75印张 · 2插页 · 331千字
0001-3000册
标准书号：ISBN 978-7-111-56624-3
定价：299.00元

凡购本书，如有缺页、倒页、脱页，由本社发行部调换
电话服务 网络服务
服务咨询热线：010-88361066 机工官网：www.cmpbook.com
读者购书热线：010-68326294 机工官博：weibo.com/cmp1952
010-88379203 金书网：www.golden-book.com
封面无防伪标均为盗版 教育服务网：www.cmpedu.com

Contents 目录

前言

40款车，一个传奇故事

法拉利的车型设计毫无疑问是成功的，它性能超凡卓越，外观瑰丽脱俗。它体现了一种具象艺术，这种美超越了时间，在任何时代都备受推崇。此外，其设计精准地将车的本质与时代特点相融合，不断演变。颜色、形态和细节的设计也与时俱进。本书的照片捕捉了法拉利瞬间的风采、完美、清晰。在法拉利 70 多年的历史中，最初的经典设计肯定不可避免地会被修改、重塑。写这本书的目的，是将它作为礼物送给曾经是，现在也是，充满传奇的汽车品牌——法拉利。

在这个科技迅速发展的时代，电脑渲染技术广泛应用于设计开发。出于审美的考虑，设计师和开发人员非常重视电脑渲染技术。这项技术可以从多角度展现出物体的三维图像。电脑渲染作为一种工具，突破了传统具象艺术的局限。汽车设计通过电脑渲染技术的处理，更为精致，像宝石一样熠熠生辉。在不同的角度下，汽车的每个面、每个细节都能清楚地呈现出来。渲染赋予了汽车设计新的生命。每一辆法拉利的诞生，都是“跃马”历史中极为重要的时刻。

40 款车，如同四十颗流光溢彩的钻石，镶嵌在法拉利这个皇冠上。从过去到现在，法拉利经历了无数的演变，从恩佐·法拉利一生中那些至关重要、具有划时代意义的时刻，到现在马拉内罗实现现代化科技生产。高科技与人性化设计的完美结合，使得法拉利旗下每一款跑车都具有里程碑式的意义。在汽车发展史中这是独一无二的壮举。

法拉利同样也是“汽车设计”的代名词。自 20 世纪 50 年代起，不管是量产车还是定制车型，宾尼法利纳（Pininfarina）都是法拉利设计与风格的灵感源泉。如果法拉利没有在他身上投入这么多的精力，那么就不会有这些经典设计。定制车型是可以让设计师自由发挥的作品，将设计从生产、商业限制和艺术制约中解放出来。而那些经典的量产车系列，则有 1957 年的 250 加利福尼亚 LWB，一款马拉内罗最迷人的 Spier（敞篷跑车），还有同年的 250 Testa Rossa Roadster（敞篷跑车）。在 1984 年巴黎车展上，Testarossa[①]的惊鸿艳影让人过目难忘。而 Berlinetta（标准双座跑车）则成为打破了当时所有设计规则的跑车的代名词。

到了 20 世纪 80 年代，一款具有

①Testarossa是意大利语，英语为Red Head，翻译过来是“红色的头”。有人说是“法拉利红”，大多数观点是“红色的发动机颜色”

划时代意义的车型出现了：法拉利 288 GTO。这是法拉利生产过的车型中最令人惊叹的一款车。它率先使用了双涡轮增压发动机。这辆车被认为是法拉利 F40 的精神先驱，是超级跑车的鼻祖。它拥有犀利灵动的外观造型和令人惊叹的动力输出。在马拉内罗的那些孤傲不群的高性能超级跑车车系中，法拉利 F50 成为新的继任者，是法拉利道路版车型中最接近 F1 赛车的车型。接下来的法拉利 Enzo 更是表现不俗，它拥有一个极其别致的车头设计，以及源自单体壳赛车开发理念的座舱设计。今天，还有一款车打破了常规——混合动力高达 976 马力的 LaFerrari。

此外，这个传奇的跃马品牌，在商业成功的背后还有一些其他的车型：主打家用车领域的 GT 车型，如 1964 年的 330GT 2+2 和 1975 年最畅销的 308 GTB/GTS；还有在设计上打破常规的 F355 Berlinetta（1994）和它的继任者 360 Modena（1999）。这两款车彻底颠覆了当时的技术水平和主流设计风格。法拉利也有一些个性定制的作品，是为车主量身定做的一些特殊规格或限量版纪念车型，比如由著名吉他手埃里克·克莱普顿委托制造的 SP12 EC；衍生于 599 GTB Fiorano 的 P540 Super-Fast Aperta；一个从 20 世纪 70 年代的 Roadsters 车型汲取设计灵感的纪念版车型 550 Barchetta Pininfarina……读这本书，就如同开启了一段旅程——这个马拉内罗品牌的技术发展和设计历程，将带领我们开启一段关于红色经典法拉利的历史之旅。

你准备好开始了吗？

法拉利250 California LWB

技术参数

发动机

布局类型：	前置，纵向
气缸：	60° 夹角，V 型 12 气缸
缸径 × 行程：	2.87 英寸 x2.31 英寸（73.0 毫米 x58.7 毫米）
排量：	180 立方英寸（2950 毫升）
最大动力：	240 马力（1958 年起改为 260 马力），对应转速为 7000 转 / 分钟
最大转矩：	182 磅 · 英尺（247 牛 · 米），对应转速为 5500 转 / 分钟
气门驱动方式：	单侧缸体配备单顶置凸轮轴
气门数：	每缸两气门，一进一排
燃料供给装置：	3 个 Weber 36 DCL3 化油器
点火系统：	每缸一个火花塞，两组线圈
冷却方式：	水冷
润滑方式：	湿式油底壳

传动系统

驱动方式：	后轮驱动
离合器类型：	双片式离合器
变速器：	手动变速器 4 前速 + 倒档

底盘

车身类型：	双座敞篷跑车（Spider）
车架：	钢制阶梯式管状车架
前悬架：	双叉臂螺旋弹簧悬架，Houdaille 式液压减振器
后悬架：	活轴半椭圆纵向钢板弹簧悬架，Houdaille 式液压减振器
转向：	蜗杆和扇形轮式转向器
前 / 后制动系统类型：	鼓式制动系统
车轮：	前后轮都为 16 英寸编织轮圈，6.00x16 轮胎

车辆尺寸和质量

轴距：	102.4 英寸（2600 毫米）
前 / 后轮距：	53.3 英寸 /53.1 英寸（1354 毫米 /1349 毫米）
长：	173.2 英寸（4400 毫米）
宽：	65.0 英寸（1651 毫米）
高：	55.1 英寸（1400 毫米）
质量：	2204 磅（1000 千克），1959 年改为 2370 磅（1075 千克）
油箱容积：	26 加仑（98.4 升），1959 年改为 36 加仑（136 升）

性能数据

最高车速：	157~167 英里 / 时（253~269 公里 / 时）
0 到 60 英里 / 时加速（0 到 100 公里 / 时加速）时间：	8.7 秒
质量功率比：	9.19~9.91 磅 / 马力（4.17~4.50 千克 / 马力）

法拉利166 Inter 1948

法拉利166 Inter

技术参数

发动机

布局类型：	前置，纵向
气缸：	60° 夹角，V 型 12 气缸
缸径 × 行程：	2.36 英寸 x2.31 英寸（60.0 毫米 x58.7 毫米）
排量：	122 立方英寸（2000 毫升）
最大动力：	90 马力，对应转速为 5600 转 / 分钟
最大转矩：	—
气门驱动方式：	单侧缸体配备单顶置凸轮轴
气门数：	每缸两气门，一进一排
燃料供给装置：	1 个 Weber 32 DCF 化油器
点火系统：	每缸一个火花塞，两组线圈
冷却方式：	水冷
润滑方式：	湿式油底壳

传动系统

驱动方式：	后轮驱动
离合器类型：	干式单片离合器
变速器：	手动变速器 5 前速 + 倒档

底盘

车身类型：	双座跑车（Berlinetta）/ 无顶双座跑车（Barchetta）/2+2 轿跑（Coupe）
车架：	钢制阶梯式管状车架
前悬架：	双叉臂钢板弹簧悬架，液压减振器
后悬架：	带有防倾杆的活轴半椭圆纵向钢板弹簧悬架，液压减振器
转向：	蜗杆和扇形轮式转向器
前 / 后制动系统类型：	鼓式制动系统
车轮：	前后 15 英寸编织轮圈，5.50x15 轮胎

车辆尺寸和质量

轴距：	103.1 英寸（2620 毫米）
前 / 后轮距：	49.2 英寸 /47.2 英寸（1250 毫米 /1200 毫米）
长：	—
宽：	—
高：	—
质量：	1984 磅（900 千克）（Berlinetta）
油箱容积：	19 加仑（72 升）

性能数据

最高车速：	93 英里 / 时（150 公里 / 时）
0 到 60 英里 / 时加速（0 到 100 公里 / 时加速）时间：	—
质量功率比：	22 磅 / 马力（10 千克 / 马力）

法拉利250 California LWB 1957

PIRELLI
P ZERO

1940年，恩佐·法拉利委托自己非常喜欢的车身制造厂Carrozzeria Touring，打造了Auto Avio Costruzioni 815这款车。这是他离开阿尔法·罗密欧后通过这个米兰车身制造厂开发的第一款车。但毫无疑问，嗜车如命的法拉利还是向往赛车生活。1948年，法拉利为了参加赛车比赛，决定启动竞技用赛车开发项目，他再次找到了Touring制造厂。当时Touring因为法拉利的Superleggera（超级轻量化）车身设计而闻名，这种设计在保证车身高强度的同时又降低了重量。Touring加入这个项目的成果，就是那几年在Mille Miglia（1000英里耐力赛）中，来自马拉内罗的赛车获得一连串的胜利。为了庆祝这些胜利，法拉利166 MM Touring诞生。车名中缩写MM的意思为Mille Miglia。166 MM Touring拥有Barchetta式的车身造型和前置122立方英寸（2000毫升）60° 夹角的V12发动机。而法拉利166 Inter则是166 MM Touring的GT版车型，同样是用于民用道路行驶。法拉利在比赛中的成功引起大家的关注，并迅速吸引了主流车身厂家们的兴趣，包括Ghia、Vignale和Stabilimenti Farina。Farina和博通都是可以提供软顶敞篷车型的车身制造厂。Inter车系是法拉利民用车型设计的鼻祖，但是大多数车主用它去参加比赛，并且赢得很多比赛的冠军，尽管它的车身比那些赛车还要重。166 MM 是没有车顶的开放式赛车，重1433磅（650千克），但是它的公路版——166 Inter是一款有车顶的跑车，即便是空载，重量也在1984磅（900千克）。1948~1950年间，法拉利166 Inter的总产量仅为37辆。

这款车是专门为阳光明媚的美国加利福尼亚州而设计的。法拉利在美国的经销商Luigi Chinetti建议恩佐·法拉利在加州生产敞篷车。就是在这个契机下，Scaglietti车身制造厂生产了跃马品牌历史上最具吸引力的敞篷车之一。车身材质主要是钢，需要打开的面板都是铝制成的，如车门、发动机盖和行李厢盖。此外还有一些专门为比赛而生产的车型，其车身基本都是铝制的。这款车从250 GT Berlinetta跑车衍生而来，并且留用了环法耐力赛上使用的183立方英寸（3升）V12发动机。一开始，该款车的前照灯总成上设计有玻璃整流罩。1958年，该车进行了改型，采用了开放式的前照灯总成和更大的轮拱。此外，该车型在1959年款上还有其他改动：前翼子板上的机舱排气孔带有三个垂直的导流板；前照灯外侧有镀铬圆环发动机舱盖中间带有凸起的进气口。改款后的车型用盘式制动器，代替了早期版本的鼓制动系统。长轴距（102英寸/2591毫米）一直生产到1960年，之后被SWB Berlinetta的短轴Spider版（94英寸/2388毫米）所替代。该车一直生产到1962年。改款后的动力系统是V12发动机，但动力提升至284马力。两种型号都有拆卸的硬顶。

法拉利250 GTO（Gran Turismo Omologato）[1]是当时获得胜利次数最多且颜值最高的车型。该车是恩佐·法拉利在20世纪60年代设计的，目的是在与新兴的国外对手竞争中获得世界制造商冠军称号。这款车由Giotto Bizzarrini和他的设计团队开发。它有个绰号叫“The Duck”（鸭子），因为它非常低，蜿蜒的车身线条和截断式的车尾设计，再加上车尾顶端的一个高耸的尾翼，有点像鸭子的姿态。这款车结合了GT跑车的魅力和纯种跑车的性能。无论发动机舱盖下是什么发动机，它都颠覆了跑车的设计思路。它搭载的发动机也是183立方英寸（3升）的V12发动机——闻名于赛场的250 Testa Rossa，唯一不同之处是用干式油底壳替代了原来的湿式油底壳；该车钢管车架的纵梁和横梁的设计来源于250 GT SWB，稍微提高了硬度；轴距是一样的，还是94.5英寸（2400毫米）；铝制车身由Scaglietti车身制造厂制造。它比较有特点的是四轮碟式制动系统，还使用了新的5速手动变速器。它在1962年的世界制造商锦标赛上被分到了GT组别。比赛中，法拉利上演“帽子戏法”，夺得三次胜利。法拉利250 GTO在赛场上大放光彩，接连取胜。但是1964年，它的竞技生涯终结了，因为来自美国AC Cobra的427立方英寸（7升）V8发动机更为优越。250 GTO是小批量生产的车型中产量非常少的一款，公路版车型加上赛道用车型，一共只有36辆，所以它在收藏界备受车迷推崇，千金难寻。

① Gran Turismo Omologato中文意为符合赛事标准的GT跑车。

250 Testa Rossa的首次亮相就被认为是当时所有法拉利车型中最耀眼的一款。它正式亮相是在德国纽博格林赛道的1000公里比赛上。这是一款客户定制的赛车，车身为美国私人车队的专用涂装。这支车队之前使用法拉利500 TRC参赛。但是他们还是希望能找到一款发动机动力更强的赛车，

且要求具有与搭载4缸发动机500 TRC （Barchetta）同样卓越的操控性。新车是根据1958年FIA新规则的要求设计的——要求原型车的发动机排量上限为183立方英寸（3升）。250 TR与250 GT Competizione Berlinetta都采用183立方英寸（3升）V12发动机，但功率由264马力提升至304马

力。动力之所以能够提升，是因为将压缩比由8.5:1提高到了9.8:1。此外，供油系统也由原来的3组化油器更换为6个Weber化油器。车身由Scaglietti车身制造厂制作，在外观上与500 TR相似。这两款车的车名后缀都采用了TR，这意味着“Testa Rossa”（英文为Red Head）。实际上，这是指发动机凸轮轴室盖的颜色被涂成红色。250 TR比500 TR长4英寸（100毫米），外观特征上，它拥有凸起的发动机舱盖，用以容纳Weber双喉化油器的进气（喇叭状）口。这款车赢得了1958年的世界制造商锦标赛冠军。法拉利250 Testa Rossa的赛车生涯长久且非凡，最终在1962年从赛场上退役。

HALOGEN
HALOGEN
HALOGEN
GRANDTREK
DUNLOP

法拉利 250 GTO 1962

法拉利 250 Testa Rossa

技术参数

发动机

布局类型：	前置，纵向
气缸：	60° 夹角，V 型 12 气缸
缸径 × 行程：	2.87 英寸 x2.31 英寸（73.0 毫米 x58.7 毫米）
排量：	180 立方英寸（2950 毫升）
最大动力：	300 马力，对应转速为 7000 转 / 分钟
最大转矩：	221 磅 · 英尺（300 牛 · 米），对应转速为 5500 转 / 分钟
气门驱动方式：	单侧缸体配备单顶置凸轮轴
气门数：	每缸两气门，一进一排
燃料供给装置：	6 个 Weber 38 DCN 化油器
点火系统：	每缸一个火花塞，两组线圈
冷却方式：	水冷
润滑方式：	湿式油底壳

传动系统

驱动方式：	后轮驱动
离合器类型：	双片式离合器
变速器：	手动变速器 4 前速 + 倒档

底盘

车身类型：	双座敞篷跑车（Spider）
车架：	钢制网形管状车架
前悬架：	双叉臂螺旋弹簧悬架， Houdaille 式液压减振器
后悬架：	活轴螺旋弹簧悬架，Houdaille 式液压减振器
转向：	蜗杆和扇形轮式转向器
前 / 后制动系统类型：	鼓式制动系统，1958 年改为盘式制动系统
车轮：	前 15 英寸编织轮圈，5.50x15 轮胎；后 16 英寸编织轮圈，6.00x16 轮胎

车辆尺寸和质量

轴距：	92.5 英寸（2350 毫米）
前 / 后轮距：	51.5 英寸 /51.2 英寸（1308 毫米 /1300 毫米）
长：	164.5 英寸（4178 毫米）
宽：	61.0 英寸（1549 毫米）
高：	39.9 英寸（1013 毫米）
质量：	1764 磅（800 千克）
油箱容积：	37 加仑（140 升）

性能数据

最高车速：	168 英里 / 时（270 公里 / 时）
0 到 60 英里 / 时加速（0 到 100 公里 / 时加速）时间：	—
质量功率比：	5.89 磅 / 马力（2.67 千克 / 马力）

法拉利 250 Testa Rossa 1957

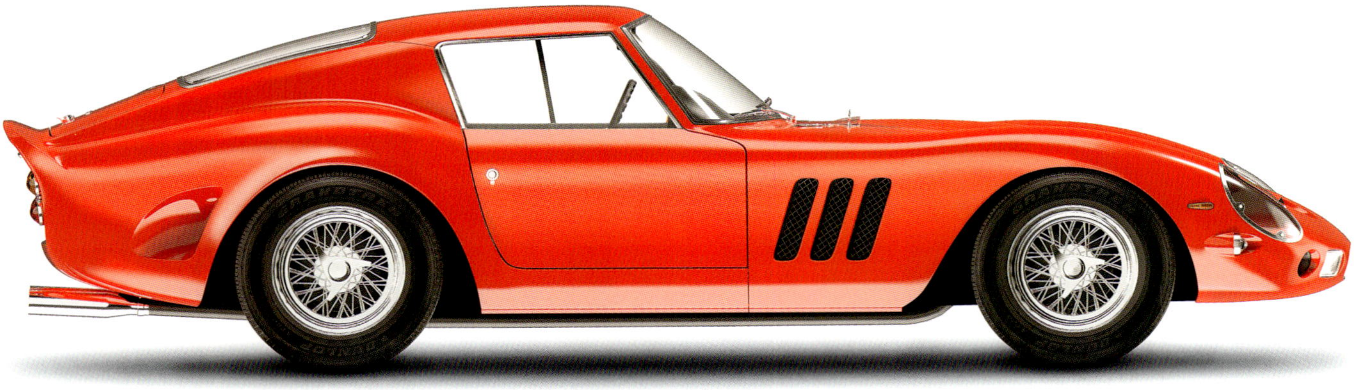

法拉利 250 GTO

技术参数

发动机

布局类型：	前置，纵向
气缸：	60° 夹角，V 型 12 气缸
缸径 × 行程：	2.87 英寸 x2.31 英寸（73.0 毫米 x58.7 毫米）
排量：	180 立方英寸（2950 毫升）
最大动力：	300 马力，对应转速为 7000 转 / 分钟
最大转矩：	221 磅 · 英尺（300 牛 · 米），对应转速为 5500 转 / 分钟
气门驱动方式：	单侧缸体配备单顶置凸轮轴
气门数：	每缸两气门，一进一排
燃料供给装置：	6 个 Weber 38 DCN 化油器
点火系统：	每缸一个火花塞，单线圈
冷却方式：	水冷
润滑方式：	干式油底壳

传动系统

驱动方式：	后轮驱动
离合器类型：	干式单片离合器
变速器：	手动变速器 5 前速 + 倒档

底盘

车身类型：	双座跑车（Berlinetta）
车架：	钢制阶梯式管状车架
前悬架：	带有防倾杆的双叉臂螺旋弹簧悬架，筒式减振器
后悬架：	活轴纵向钢板弹簧、螺旋弹簧悬架，筒式减振器
转向：	蜗杆和扇形轮式转向器
前 / 后制动系统类型：	盘式制动系统
车轮：	前 15 英寸编织轮圈，6.00x15 轮胎；后 15 英寸编织轮圈，7.00x15 轮胎

车辆尺寸和质量

轴距：	94.5 英寸（2400 毫米）
前 / 后轮距：	53.3 英寸 /53.1 英寸（1354 毫米 /1349 毫米）
长：	170.3 英寸（4326 毫米）
宽：	63.0 英寸（1600 毫米）
高：	47.6 英寸（1209 毫米）
质量：	1940 磅（880 千克）
油箱容积：	34 加仑（129 升）

性能数据

最高车速：	174 英里 / 时（280 公里 / 时）
0 到 60 英里 / 时加速（0 到 100 公里 / 时加速）时间：	5.6 秒
质量功率比：	6.43 磅 / 马力（2.93 千克 / 马力）

275 GTB同样是由宾尼法利亚公司设计，由Scaglietti车身工厂制造生产的。这款车是法拉利双座跑车中最后一辆单侧缸体配备单顶凸轮轴的车型。这款车延续了法拉利前置V12发动机的传统。在法拉利还在使用传统发动机布置方法的时期，欧洲的一些厂家已经开始考虑使用中置或是后置发动机的设计方案。法拉利唯一比较现代化的地方是从赛道上获取了技术经验，将变速器和差速器集成，同时后移形成后驱动桥总成。这款车是第一辆前后轴都采用独立悬架的法拉利。车辆的操控灵敏，不仅仅是因为后驱动桥的设计，还因为前后轴之间的重量分配均衡、使用干式油底壳降低了车辆重心高度等。275 GTB的造型也非常独特，它有长“鼻子”、流线型前照灯和截断式车尾，并且带有高耸的尾翼。法拉利275 GTB 1966年款开始使用单侧缸体双顶置凸轮轴的V12发动机，可以提供304马力的动力输出，这个版本更名为GTB/4，可以从发动机舱盖是否凸起进行识别。它还有一个Spider敞篷版275 GTS和赛车版275 GTB/C。

pininfarina
PIRELLI
P ZERO

法拉利250 GTL由宾尼法利纳公司设计，由Scagilietti车身工厂生产制造。这是一辆有着明显运动特性的豪华双座跑车。车名中的字母GTL代表Gran Turismo Lusso（英文为Grand Touring Luxury，豪华GT跑车）的意思，数字250则表示发动机每缸的排量为250毫升。这款车最值得关注的地方就是豪华的内饰设计。这款展现出强烈艺术感的机械尤物，无疑是法拉利前置发动机跑车设计中的巅峰之作，它同样也搭载了来自250 GT赛车版的183立方英寸（3升）V12发动机。这台发动机由3个Weber化油器供油，动力输出243马力。钢管式车架的底部纵梁和斜梁设计都源自250 GT SWB，轴距为94.5英寸（2400毫米），框架设计也与250 GT SWB相同，相当于一辆加强版的250 GTO。这款车的外观设计在当时令人惊艳，它有一个鲨鱼嘴似的车头格栅设计，发动机舱盖上有镀铬的进气散热口，车门柱非常纤细，还有一个截断式向内倾斜的车尾。前独立悬架的特点在于粗壮的摇臂和横向推杆，后悬架采用活轴纵向钢板弹簧悬架，并且还配有筒式减振器。四轮碟式制动系统也证明了这款车强大的运动基因。250 GTL总产量约为350辆。它也是183立方英寸（3升）V12发动机的绝唱。虽然250 GTL是作为一款公路跑车来设计制造的，但还是有很多车主购买这款车去参加比赛。有一位车主在1964年的Targa Florio大赛上获得第13名。

GRANDTREK
DUNLOP

法拉利 275 GTB
1964

法拉利 250 GTL

技术参数

发动机

布局类型：	前置，纵向
气缸：	60° 夹角，V 型 12 气缸
缸径 × 行程：	2.87 英寸 x2.31 英寸（73.0 毫米 x58.7 毫米）
排量：	183 立方英寸（3000 毫升）
最大动力：	243 马力，对应转速为 7500 转 / 分钟
最大转矩：	—
气门驱动方式：	单侧缸体配备单顶置凸轮轴
气门数：	每缸两气门，一进一排
燃料供给装置：	6 个 Weber 38 DCN 化油器
点火系统：	每缸一个火花塞，两组线圈
冷却方式：	水冷
润滑方式：	湿式油底壳

传动系统

驱动方式：	后轮驱动
离合器类型：	干式单片离合器
变速器：	手动变速器 4 前速 + 倒档

底盘

车身类型：	双座跑车（Berlinetta）
车架：	钢制阶梯式管状车架
前悬架：	独立带有防倾杆双叉臂螺旋弹簧悬架，筒式减振器
后悬架：	活轴纵向钢板弹簧、螺旋弹簧悬架，筒式减振器
转向：	蜗杆和扇形轮式转向器
前 / 后制动系统类型：	盘式制动系统
车轮：	前后 15 英寸编织轮圈，6.50x15 轮胎

车辆尺寸和质量

轴距：	94.5 英寸（2400 毫米）
前 / 后轮距：	54.9 英寸 /54.6 英寸（1394 毫米 /1387 毫米）
长：	173.6 英寸（4409 毫米）
宽：	68.9 英寸（1750 毫米）
高：	50.8 英寸（1290 毫米）
质量：	2249 磅（1020 千克）
油箱容积：	30 加仑（114 升）

性能参数

最高车速：	149 英里 / 时（240 公里 / 时）
0 到 60 英里 / 时加速（0 到 100 公里 / 时加速）时间：	—
质量功率比：	9.37 磅 / 马力（4.25 千克 / 马力）

法拉利 250 GTL 1962

法拉利 275 GTB

技术参数

发动机

布局类型：	前置，纵向
气缸：	60° 夹角，V 型 12 气缸
缸径 × 行程：	3.03 英寸 x2.31 英寸（77.0 毫米 x58.7 毫米）
排量：	201 立方英寸（3294 毫升）
最大动力：	280 马力，对应转速为 7600 转 / 分钟
最大转矩：	217 磅 · 英尺（294 牛 · 米），对应转速为 5000 转 / 分钟
气门驱动方式：	单侧缸体使用单顶置凸轮轴
气门数：	每缸两气门，一进一排
燃料供给装置：	6 个 Weber 40 DCN/3 化油器
点火系统：	每缸一个火花塞，两组线圈
冷却方式：	水冷
润滑方式：	干式油底壳

传动系统

驱动方式：	后轮驱动
离合器类型：	干式单片离合器
变速器：	手动变速器 5 前速 + 倒档

底盘

车身类型：	双座跑车（Berlinetta）
车架：	钢制管状车架
前悬架：	带有防倾杆的双叉臂螺旋弹簧悬架，筒式减振器
后悬架：	带有防倾杆的双叉臂螺旋弹簧悬架，筒式减振器
转向：	蜗杆和扇形轮式转向器
前 / 后制动系统类型：	盘式制动系统
车轮：	前后 14 英寸编织轮圈，205/70 轮胎

车辆尺寸和质量

轴距：	94.5 英寸（2400 毫米）
前 / 后轮距：	54.2 英寸 /54.8 英寸（1377 毫米 /1392 毫米）
长：	170.3 英寸（4326 毫米）
宽：	67.9 英寸（1725 毫米）
高：	49 英寸（1245 毫米）
质量：	2425 磅（1100 千克）
油箱容积：	25 加仑（95 升）

性能参数

最高车速：	155 英里 / 时（249 公里 / 时）
0 到 60 英里 / 时加速（0 到 100 公里 / 时加速）时间：	—
质量功率比：	8.66 磅 / 马力（3.93 千克 / 马力）

这款车为了成为胜利者，从头到尾都精心打造，装备精良，但可惜的是没能取得胜利。因为它在1966年的世界原型车锦标赛上，一直都被福特GT40所压制。经过一系列不愉快的比赛，法拉利车队在勒芒24小时耐力赛中被击败。自1959年以来，法拉利车队还没有经历过的这样的事情，这令恩佐·法拉利很生气。他下令对330 P3进行重新设计。1967年，法拉利以330 P4卷土重来，完美复仇。我们继续回到法拉利330 P3：这款车从330 P2进化而来，其造型独特的车身由Drogo车身工厂制造；有新的管状底盘框架以及加强后的铝板；其车身底部是由玻璃纤维制成的；前悬架采用双叉臂设计，后悬架保持不变；中置242立方英寸（3966毫升）的V12发动机也进行了重新设计，大大地降低了重量，比之前的V12发动机轻了66磅（30千克）；燃油供给系统也经历了重大变化，Lucas间接喷油装置取代了6只Weber化油器，并安装在之前蓄电池的位置上，升级后，动力从416马力提升至426马力；5前速手动变速器使用了德国采埃孚动力单元，这也是之后替换到330 P4上、在马拉内罗的厂房生产的德国变速器。将330 P3改型为330 P4时，对发动机进行了比较大胆的创新性设计：每缸三气门，即两个进气门和一个排气门。P3总共只制造了3台，而那些被德罗戈（Drogo）重新制作的P4风格的车型则更名为412P，然后提供给私人车队使用。

pininfarina

1960年，法拉利推出250 GT 2+2，开创了法拉利家用级高性能GT车系。此后还有一款非常成功的继任车型——由宾尼法利纳公司设计的法拉利330 GT 2+2。这款车最初采用双头灯设计（双头灯设计当时在美国非常流行）。1965年，330 GT 2+2改款，双头灯又被传统设计取代，改为两个更具运动风格的单头灯。当然改款还有一些其他变化：4速手动变速器改为5速手动变速器，当然都是纯机械的；传统的Borrani钢丝轮圈被更先进的铝合金轮圈所替代；330 GT 2+2比250 GT 2+2更长、更重。330 GT 2+2长度为191英寸/4851毫米（185英寸/4699毫米），轴距为104英寸/2642毫米（102英寸/2591毫米），车重3042磅/1380千克（2821磅/1280千克），括号内的数字为250 GT 2+2的数据。两款车的主要区别是前置24气门的V12发动机排量从180立方英寸（2950毫升）增加至242立方英寸（3966毫升）。这款发动机采用法拉利400 Superamerica的动力总成，动力输出304马力。前轴使用独立悬架，后轴则为传统的活轴悬架。与当时的其他豪华轿跑一样，330 GT 2+2可以选装空调、助力转向和电动车窗。恩佐·法拉利本人也有很长一段时间在使用这款车，这也促进了它的发展。1967年，这款车正式停产，让位给新款的365 GT 2+2。

330
Firestone

法拉利 330 P3
1966

法拉利 330 GT 2+2

技术参数

发动机

布局类型：	前置，纵向
气缸：	60° 夹角，V 型 12 气缸
缸径 × 行程：	3.03 英寸 x2.80 英寸（77.0 毫米 x71.1 毫米）
排量：	242 立方英寸（3966 毫升）
最大动力：	304 马力，对应转速为 6600 转 / 分钟
最大转矩：	288 磅 · 英尺（390 牛 · 米），对应转速为 5000 转 / 分钟
气门驱动方式：	单侧缸体配备单顶置凸轮轴
气门数：	每缸两气门，一进一排
燃料供给装置：	3 个 Weber 40 DCN/6 化油器
点火系统：	每缸一个火花塞，两组线圈
冷却方式：	水冷
润滑方式：	干式油底壳

传动系统

驱动方式：	后轮驱动
离合器类型：	干式单片离合器
变速器：	手动变速器 4 前速 + 倒档（1965 年改为 5 前速）

底盘

车身类型：	2+2 轿跑（Coupe）
车架：	钢制管状车架
前悬架：	带有防倾杆的双叉臂螺旋弹簧悬架，筒式减振器
后悬架：	带有防倾杆的活轴纵置钢板弹簧与螺旋弹簧悬架，筒式减振器
转向：	蜗杆和扇形轮式转向器
前 / 后制动系统类型：	盘式制动系统
车轮：	前后 15 英寸编织轮圈（1966 年改为铝合金轮圈），205/70 轮胎

车辆尺寸和质量

轴距：	104.3 英寸（2649 毫米）
前 / 后轮距：	55.0 英寸 /54.7 英寸（1397 毫米 /1389 毫米）
长：	190.5 英寸（4839 毫米）
宽：	67.5 英寸（1715 毫米）
高：	53.5 英寸（1359 毫米）
质量：	3042 磅（1380 千克）
油箱容积：	24 加仑（91 升）

性能参数

最高车速：	152 英里 / 时（245 公里 / 时）
0 到 60 英里 / 时加速（0 到 100 公里 / 时加速）时间：	—
质量功率比：	10.14 磅 / 马力（4.60 千克 / 马力）

法拉利 330 GT 2+2 1964

法拉利 330 P3

技术参数

发动机

布局类型：	中置，纵向
气缸：	60° 夹角，V 型 12 气缸
缸径 × 行程：	3.03 英寸 x2.80 英寸（77.0 毫米 x71.1 毫米）
排量：	242 立方英寸（3966 毫升）
最大动力：	435 马力，对应转速为 8000 转 / 分钟
最大转矩：	—
气门驱动方式：	单侧缸体配备双顶置凸轮轴
气门数：	每缸两气门，一进一排
燃料供给装置：	Lucas 燃油喷射系统
点火系统：	每缸两个火花塞，两组线圈
冷却方式：	水冷
润滑方式：	干式油底壳

传动系统

驱动方式：	后轮驱动
离合器类型：	多片式离合器
变速器：	手动变速器 5 前速 + 倒档

底盘

车身类型：	双座跑车（Berlinetta）/ 双座敞篷跑车（Spider）
车架：	钢制管状车架与加强铝板
前悬架：	带有防倾杆的双叉臂螺旋弹簧悬架，筒式减振器
后悬架：	带有防倾杆的双叉臂螺旋弹簧悬架，筒式减振器
转向：	齿轮齿条式转向器
前 / 后制动系统类型：	盘式制动系统
车轮：	前 15 英寸镁合金轮圈，5.50x15 轮胎；后 15 英寸镁合金轮圈 7.00x15 轮胎

车辆尺寸和质量

轴距：	94.5 英寸（2400 毫米）
前 / 后轮距：	57.6 英寸 /56.3 英寸（1463 毫米 /1430 毫米）
长：	164.2 英寸（4170 毫米）
宽：	70.1 英寸（1781 毫米）
高：	37.4 英寸（950 毫米）
质量：	1876 磅（851 千克）
油箱容积：	30 加仑（114 升）

性能参数

最高车速：	193 英里 / 时（311 公里 / 时）
0 到 60 英里 / 时加速（0 到 100 公里 / 时加速）时间：	—
质量功率比：	4.48 磅 / 马力（2.03 千克 / 马力）

这款车是法拉利275 GTB/4的后继车型，为了庆祝在1967年的Daytona24小时耐力赛中法拉利包揽了前三名，这款车被称为Daytona。275 GTB/4由宾尼法利纳公司出品，拥有非常好的空气动力学设计，成为革命性的设计。275 GTB/4肩负着在GT跑车市场与同为意大利跑车的兰博基尼Miura[①]进行竞争的使命。法拉利拥有当时最领先的技术，前置的269立方英寸（4408毫升）V12发动机能够提供357马力的功率，单个缸体拥有双顶置凸轮轴。275 GTB/4的传动系统采用的是变速器和后桥差速器集成在一起的设计，而不是像过去那样将变速器安装在发动机的旁边。这款车前期型采用固定式的前照灯总成，安装在一个整体的有机玻璃后面。这种布置在1971年改款时被更传统的伸缩式头灯总成所取代。另外这款车还有些其他设计特点，比如车门内饰板和运动型座椅表面，都是在真皮内饰面料上打孔然后缝合成交叉状的菱形，成为内饰设计上的点睛之笔。这个图标毫无疑问地成为法拉利内饰风格的特征之一。之后法拉利又推出了敞篷版GTS/4，于1969年在美国发布。这是菲亚特接管法拉利在马拉内罗的量产车型生产前，最后一款在美国市场销售的V12法拉利新车（通过正式渠道）。

① 原文中作者将兰博基尼Muira定义为前置后驱布局的GT跑车，但是Muira其实是一款中置发动机的运动型跑车。

法拉利Modulo是在512S竞技原型车的基础上开发出来的，是一款令人惊叹、独一无二的概念车，这款概念车由宾尼法利纳公司出品，是对20世纪60年代流行的设计风格进行的挑战——它成功了，毫无疑问他们用一厢结构设计出了这款稀世珍品。这款车的车体由两个壳组成，位于上面的壳刻意从下部车体上分离开，沿着车身上自然接缝的槽移动。在外形设计上，车头、顶棚和后发动机舱盖形成流线型曲线，后轮整合到车身内，外面是一个半开放式整流罩，露出部分车轮，从而在车身上形成一个半圆柱形凸起。驾驶舱是用上面的“壳”盖着的，这个盖子包括车顶、风窗玻璃。它沿着安装在车身接缝中的滑轨移动，即可开启/关闭舱门。这款车在1970年的日内瓦车展发布亮相，是法拉利有史以来制造的最独特的一款车。Modulo赢得了22个国际设计大奖，被评为意大利最好的汽车设计之一，并被送往1970年的大阪世博会参展。此外，它还在1971年作为意大利形象大使送往墨西哥城展示。这款车不仅仅是概念，还可以正常行驶，其动力来自于一款中置48气门、305立方英寸（5升）的V12发动机，最大功率为558马力，搭配一台5速手动变速器；其底盘仍采用当时流行的钢制管状车架；采用带有横向推杆的悬架。其他的性能参数一直是法拉利的“机密”，从来没有公布过。

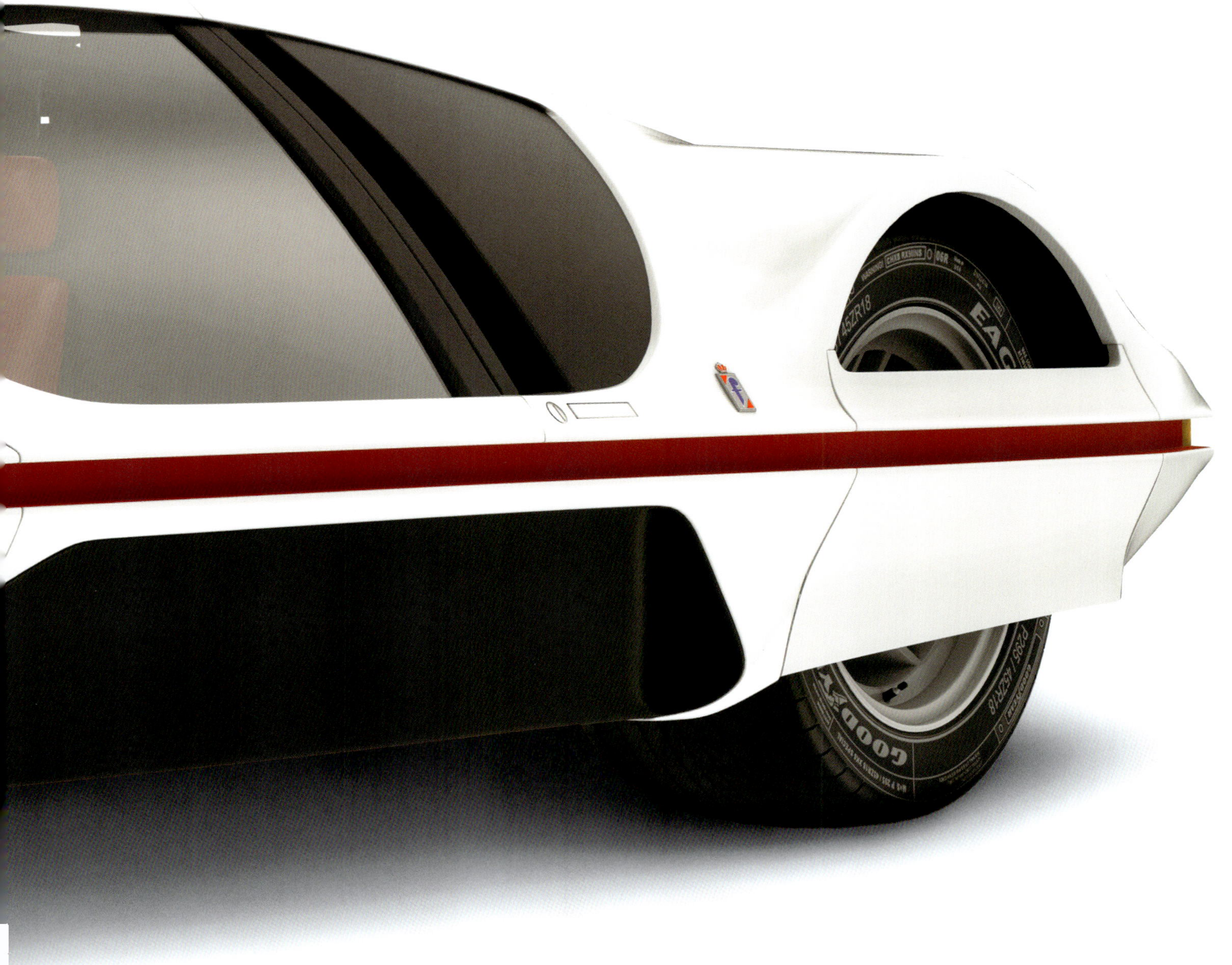

法拉利 365 GTB/4 Daytona 1968

法拉利 Modulo

技术参数

发动机

布局类型:	中置，纵向
气缸:	60° 夹角，V 型 12 气缸
缸径 × 行程:	3.43 英寸 x2.76 英寸（87.0 毫米 x70.0 毫米）
排量:	305 立方英寸（4998 毫升）
最大动力:	550 马力，对应转速为 8500 转 / 分钟
最大转矩:	—
气门驱动方式:	单侧缸体配备双顶置凸轮轴
气门数:	每缸四气门，两进两排
燃料供给装置:	Lucas 燃油喷射系统
点火系统:	每缸一个火花塞，电子点火系统
冷却方式:	水冷
润滑方式:	干式油底壳

传动系统

驱动方式:	后轮驱动
离合器类型:	多片式离合器
变速器:	手动变速器 5 前速 + 倒档

底盘

车身类型:	双座双门跑车（Berlinetta）
车架:	钢制管状车架
前悬架:	带有防倾杆的双摇臂螺旋弹簧悬架，筒式减振器
后悬架:	带有防倾杆的双摇臂螺旋弹簧悬架，筒式减振器
转向:	齿轮齿条式转向器
前 / 后制动系统类型:	盘式制动系统
车轮:	前 15 英寸镁合金轮圈，11.5x15 轮胎；后 15 英寸镁合金轮圈，14.5x15 轮胎

车辆尺寸和质量

轴距:	94.5 英寸（2400 毫米）
前 / 后轮距:	59.8 英寸 /59.5 英寸（1519 毫米 /1511 毫米）
长:	176.4 英寸（4481 毫米）
宽:	80.6 英寸（2047 毫米）
高:	32.8 英寸（833 毫米）
质量:	—
油箱容积:	32 加仑（120 升）

性能参数

最高车速:	—
0 到 60 英里 / 时加速（0 到 100 公里 / 时加速）时间:	—
质量功率比:	—

法拉利 Modulo 1967

法拉利 365 GTB/4 Daytona

技术参数

发动机

布局类型：	前置，纵向
气缸：	60° 夹角，V 型 12 气缸
缸径 × 行程：	3.19 英寸 x2.80 英寸（81.0 毫米 x71.1 毫米）
排量：	268 立方英寸（4392 毫升）
最大动力：	352 马力，对应转速为 7500 转 / 分钟
最大转矩：	318 磅 · 英尺（431 牛 · 米），对应转速为 5500 转 / 分钟
气门驱动方式：	单侧缸体配备双顶置凸轮轴
气门数：	每缸两气门，一进一排
燃料供给装置：	6 个 Weber 40 DCN/20 化油器
点火系统：	每缸一个火花塞，两组线圈
冷却方式：	水冷
润滑方式：	干式油底壳

传动系统

驱动方式：	后轮驱动
离合器类型：	干式单片离合器
变速器：	手动变速器 5 前速 + 倒档

底盘

车身类型：	双座跑车（Berlinetta）
车架：	钢制井格排列式管状车架
前悬架：	带防倾杆的双叉臂螺旋弹簧悬架，筒式液压减振器
后悬架：	带防倾杆的双叉臂螺旋弹簧悬架，筒式液压减振器
转向：	蜗杆和扇形轮式转向器
前 / 后制动系统类型：	盘式制动系统
车轮：	前后轮都为 15 英寸轻合金轮圈，215/70 轮胎

车辆尺寸和质量

轴距：	94.5 英寸（2400 毫米）
前 / 后轮距：	56.7 英寸 /57.2 英寸（1440 毫米 /1453 毫米）
长：	174.2 英寸（4425 毫米）
宽：	69.3 英寸（1760 毫米）
高：	49.0 英寸（1245 毫米）
质量：	2646 磅（1200 千克）
油箱容积：	34 加仑（129 升）

性能数据

最高车速：	174 英里 / 时（280 公里 / 时）
0 到 60 英里 / 时加速（0 到 100 公里 / 时加速）时间：	5.4 秒
质量功率比：	7.52 磅 / 马力（3.41 千克 / 马力）

法拉利365 GT/4 BB可以说是颠覆了法拉利传统的一辆车。它虽然也采用12缸发动机，但发动机气缸是水平排列，而非V形排列。这台发动机是中置布局，它结束了法拉利延续已久的传统，前置动力单元的GT车型设计。这种水平对置[1]12缸发动机早已经在250LM（一辆所有参数都适用于道路的比赛用车）实验过。这款车的命名还是遵循传统的命名方式，365是单一气缸的排量，后缀数字4表示采用两对双顶置凸轮轴，而BB是Berlinetta Boxer的缩写，表示水平对置发动机双门跑车。虽然取名为BB，但这台发动机其实不是真正意义上的水平对置，而是夹角为180°的V型发动机。这种布局在当时用于法拉利赛车。外观设计上采用双色调的车身涂装，车身下部为亮光黑色，还有独特的伸缩前照灯。车身框架遵循法拉利经典的钢制管状车架原理，不过加入了更多子结构。此外在车身结构上还有一个创新——座舱钢板成为车架结构的一部分，形成刚性的整体框架。这款车在1971年发布，但是一直到1973年才投产，大概是因为当时365 GTB/4 Daytona的销售极为成功，所以法拉利避免推出新车而影响其销量。

① 水平对置发动机与180° V型发动机的差别在于曲轴拐角方式不同。

GRANDTREK
DUNLOP

Dino是法拉利公司的子品牌，法拉利Dino 246 GT是206 GT的后继车型。它是第一款在法拉利街道版量产车中使用子品牌命名的车型，也是法拉利和菲亚特合作之后的成果，此外Dino这个名字也继承了50年代末的法拉利单座F1方程式赛车的名字。Dino是恩佐·法拉利的儿子，本名阿尔弗雷多（与他叔叔、爷爷同名，所以也可以称为小阿尔弗雷多），他参与了法拉利V6发动机的设计。1956年，他因病去世。为了纪念爱子，恩佐·法拉利用他的名字为所有采用V6发动机的车型命名。也正是Dino的出现，开创了法拉利中置发动机的先河。法拉利Dino 246 GT的发动机排量从206 GT的122立方英寸（2升）扩缸至147立方英寸（2.4升）。这次升级是非常必要的，之前的全铝车身设计被全钢制车身取代，只有车门、发动机舱盖、行李厢盖这些可开启部件使用铝制材料，从而导致车身质量从1984磅（900千克）增加到2381磅（1080千克）。正是为了补偿增加的重量，动力系统才进行了升级。这款2.4升的V6发动机能够提供198马力的功率。后来这款发动机也被应用在著名的蓝旗亚Stratos上。246 GT和206 GT还是有一些不同的：轴距相差2.4英寸（6厘米），长度相差3.4英寸（8.6厘米）；油箱盖不再凸出在外面，而是隐藏在D柱中；外面有一个与车身板件齐平的护板①；铝合金轮圈用五个螺栓固定，取代了之前的中央固定式螺栓。246 GT依旧由宾尼法利纳公司设计，它还有个昵称叫“baby法拉利”。如同Dino 206 GT一样，这款车的发布意味着改变了法拉利的命名规则。车名246 GT中的前两位数加两个零就等于排量（单气缸排量），最后的6代表6个气缸。这款车共生产了三个系列，其中两个系列是双门跑车（GT），另一个系列是Targa车顶版（1972起生产的GTS）。

① 早期汽车的油箱盖都是暴露在外面，现在汽车的油箱盖外面还装有车身面板。

法拉利 365 GT/4 BB 1971

法拉利 Dino 246 GT

技术参数

发动机	
布局类型:	中置，横向
气缸:	65° 夹角，V 型 6 气缸
缸径 × 行程:	3.64 英寸 x2.36 英寸（92.5 毫米 x60.0 毫米）
排量:	148 立方英寸（2425 毫升）
最大动力:	195 马力，对应转速为 7600 转 / 分钟
最大转矩:	166 磅 · 英尺（225 牛 · 米），对应转速为 5500 转 / 分钟
气门驱动方式:	单侧缸体配备双顶置凸轮轴
气门数:	每缸两气门，一进一排
燃料供给装置:	3 个 Weber 40 DCN F/1-F/7 化油器
点火系统:	每缸一个火花塞，单组线圈
冷却方式:	水冷
润滑方式:	湿式油底壳

传动系统	
驱动方式:	后轮驱动
离合器类型:	干式单片离合器
变速器:	手动变速器 5 前速 + 倒档

底盘	
车身类型:	双座跑车（Berlinetta）
车架:	钢制井格排列式管状车架
前悬架:	带防倾杆的双叉臂螺旋弹簧悬架，筒式液压减振器
后悬架:	带防倾杆的双叉臂螺旋弹簧悬架，筒式液压减振器
转向:	齿轮齿条式转向器
前 / 后制动系统类型:	盘式制动系统
车轮:	前后轮都为 14 英寸轻合金轮圈，205/70 轮胎

车辆尺寸和质量	
轴距:	92.1 英寸（2339 毫米）
前 / 后轮距:	56.1 英寸 /56.3 英寸（1425 毫米 /1430 毫米）
长:	166.7 英寸（4234 毫米）
宽:	66.9 英寸（1699 毫米）
高:	44.7 英寸（1135 毫米）
质量:	2381 磅（1080 千克）
油箱容积:	17 加仑（64 升）

性能数据	
最高车速:	152 英里 / 时（245 公里 / 时）
0 到 60 英里 / 时加速（0 到 100 公里 / 时加速）时间:	7.3 秒
质量功率比:	12.21 磅 / 马力（5.54 千克 / 马力）

法拉利 Dino 246 GT 1969

法拉利 365 GT/4 BB

技术参数

发动机	
布局类型：	中置，纵向
气缸：	180° 夹角，V 型 12 气缸
缸径 × 行程：	3.19 英寸 x2.80 英寸（81.0 毫米 x71.0 毫米）
排量：	268 立方英寸（4390 毫升）
最大动力：	380 马力，对应转速为 7700 转 / 分钟
最大转矩：	318 磅 · 英尺（431 牛 · 米），对应转速为 4000 转 / 分钟
气门驱动方式：	单侧缸体配备双顶置凸轮轴
气门数：	每缸两气门，一进一排
燃料供给装置：	4 个 Weber 40 DCN IF3C 化油器
点火系统：	每缸一个火花塞，单组线圈
冷却方式：	水冷
润滑方式：	湿式油底壳

传动系统	
驱动方式：	后轮驱动
离合器类型：	干式单片离合器
变速器：	手动变速器 5 前速 + 倒档

底盘	
车身类型：	双座跑车（Berlinetta）
车架：	钢制井格排列式管状车架
前悬架：	带防倾杆的双叉臂螺旋弹簧悬架，筒式液压减振器
后悬架：	带防倾杆的双叉臂螺旋弹簧悬架，筒式液压减振器
转向：	齿轮齿条式转向器
前 / 后制动系统类型：	盘式制动系统
车轮：	前后轮都为 15 英寸轻合金轮圈，215/70 轮胎

车辆尺寸和质量	
轴距：	98.4 英寸（2499 毫米）
前 / 后轮距：	59.1 英寸 /59.1 英寸（1501 毫米 /1501 毫米）
长：	171.7 英寸（4361 毫米）
宽：	70.9 英寸（1801 毫米）
高：	44.1 英寸（1120 毫米）
质量：	2557 磅（1160 千克）
油箱容积：	32 加仑（120 升）

性能数据	
最高车速：	186 英里 / 时（299 公里 / 时）
0 到 60 英里 / 时加速（0 到 100 公里 / 时加速）时间：	5.3 秒
质量功率比：	6.72 磅 / 马力（3.05 千克 / 马力）

法拉利288 GTO拥有声名显赫的历史：它代表Grand Turismo Omologato（字面意思为GT级别认证），是为了追忆1962年的250 GTO Berlinetta并表示致敬而命名的。在当时来看，这款车在法拉利车型中配置极高，是明星产品。它基于308 GTB衍生而来，由宾尼法利纳公司主导设计，法拉利表示288 GTO诞生的目的很明确，就是为了参加WRC（世界拉力锦标赛）的B组赛事。然而事与愿违，因为B组级别赛事规则的变化，这款车的赛事生涯还没开始就结束了。同时，将这款车转为公路版车型继续研发。从表面上看，这款车和308 GTB类似，并且在外观设计上比308 GTB更有“肌肉感”，前后翼子板都呈球面状。车辆整体的姿态非常低，并且带有更大的扰流板。但在车辆的技术应用上，两款车有着本质上的差别，288 GTO轴距更长（288 GTO 轴距96.5英寸/2451毫米，308 GTB轴距92.1英寸/2339毫米），中置V8发动机是纵向安装而非横向安装，并且发动机已经使用电子燃油喷射系统，而非化油器。车体由复合材料制作，有别于308 GT的玻璃钢/钢制车体。90° 夹角的V8发动机动力总成是法拉利第一次使用双涡轮增压系统，并配有一对中冷器，尽管发动机排量较低，只有171立方英寸（2.8升），但动力输出水平很高，能够达到406马力。它所具备的专业性能足以匹敌当时的一些赛车。GTO（288这个前缀仅用以与250 GTO进行区别）后来也成为经典车型收藏者的追捧车型之一。288 GTO总共生产了272台，其中72台属于计划之外超产的结果。

P295 / 45ZR18
EAGLE F1
RADIAL TUBELESS
GOODYEAR

法拉利的车标一直受时代变化的影响，来自马拉内罗的小型车都使用Dino的车标，但之后又改回法拉利的跃马车标。这种变化是石油危机造成的，因此法拉利需要赢得新的细分市场。法拉利Dino 208和308 GT4均由博通设计公司设计，它们在市售车中产量极少，而法拉利308 GTB就是它们的后继车型。这款车搭载了来自308 GT4的横向中置90°夹角V8发动机。但是这次使用干式油底壳润滑代替之前的湿式油底壳，额定动力输出达到259马力。这款发动机每缸配有两个气门，有4个weber化油器。1980年，法拉利开始采用博世K-Jetronic燃油喷射装置，并且对应的型号名称改为GTBi，输出功率从259马力下调到217马力。1982年，法拉利推出了Quattrovalvole（QV）版本——顾名思义，就是每缸四气门；传动系统为5速变速器。新车改由宾尼法利纳公司主导设计，它被认为是稀有的Dino 246 GT的真正继任者。308 GTB/ GTS原本采用玻璃钢车身，但在1977年被全钢车身取代。这款车的推出非常成功，到1985年才停产。采用Targa车顶（半敞篷的车体形态）的车型被称为GTS，于1977年发布。此后还因为在知名电视剧《夏威夷神探》（Magnum，P.I.）中，成为主演汤姆·塞立克（Tom Selleck）的“官方”座驾而迅速出名。

RADIAL TUBELESS
P295 / 45ZR18
EAGLE F1
GOODYEAR

法拉利 288 GTO 1984

法拉利 308 GTB/GTS

技术参数

发动机

布局类型：	中置，横向
气缸：	90° 夹角，V 型 8 气缸
缸径 × 行程：	3.19 英寸 x2.80 英寸（81.0 毫米 x71.0 毫米）
排量：	179 立方英寸（2933 毫升）
最大动力：	255 马力，对应转速为 7700 转 / 分钟（GTBi/GTSi 217 马力，QV 240 马力）
最大转矩：	—
气门驱动方式：	单侧缸体配备双顶置凸轮轴
气门数：	每缸两气门，一进一排（QV 每缸四气门，两进两排）
燃料供给装置：	4 个 Weber 40 DCN 化油器（GTBi/GTSi，QV 博世 K-Jetronic 燃油喷射系统）
点火系统：	每缸一个火花塞，单组线圈
冷却方式：	水冷
润滑方式：	干式油底壳

传动系统

驱动方式：	后轮驱动
离合器类型：	干式单片离合器
变速器：	手动变速器 5 前速 + 倒档

底盘

车身类型：	双座跑车 / 敞篷跑车（Berlinetta/Spider）
车架：	钢制井格排列式管状车架
前悬架：	带防倾杆的双叉臂螺旋弹簧悬架，筒式液压减振器
后悬架：	带防倾杆的双叉臂螺旋弹簧悬架，筒式液压减振器
转向：	齿轮齿条式转向器
前 / 后制动系统类型：	盘式制动系统
车轮：	前后轮都为 14 英寸轻合金轮圈，205/70 轮胎

车辆尺寸和质量

轴距：	92.1 英寸（2339 毫米）
前 / 后轮距：	57.5 英寸 /57.5 英寸（1461 毫米 /1461 毫米）
长：	166.5 英寸（4229 毫米）
宽：	67.7 英寸（1720 毫米）
高：	44.1 英寸（1120 毫米）
质量：	2403 磅（1090 千克）玻璃纤维车身；2646 磅（1200 千克）钢制车身
油箱容积：	21 加仑（79 升）【GTBi/GTSi，QV 20 加仑（76 升）】

性能数据

最高车速：	157 英里 / 时（253 公里 / 时），GTBi/GTSi 149 英里 / 时（240 公里 / 时）；QV 158 英里 / 时（255 公里 / 时）
0 到 60 英里 / 时加速（0 到 100 公里 / 时加速）时间：	—
质量功率比：	4.27 千克 / 马力（GTB 玻璃纤维车身）

法拉利 308 GTB/GTS 1975

法拉利 288 GTO

技术参数

发动机	
布局类型：	中置，纵向
气缸：	90° 夹角，V 型 8 气缸
缸径 × 行程：	3.15 英寸 x2.80 英寸（80.0 毫米 x71.0 毫米）
排量：	174 立方英寸（2851 毫升）
最大动力：	400 马力，对应转速为 7000 转 / 分钟
最大转矩：	366 磅 · 英尺（496 牛 · 米），对应转速为 3800 转 / 分钟
气门驱动方式：	单侧缸体配备双顶置凸轮轴
气门数：	每缸四气门，两进两排
燃料供给装置：	Weber-Marelli 电子燃油喷射系统，双 IHI 涡轮增压，双中冷器
点火系统：	每缸一个火花塞，Weber-Marelli 电子点火
冷却方式：	水冷
润滑方式：	干式油底壳

传动系统	
驱动方式：	后轮驱动
离合器类型：	双片式离合器
变速器：	手动变速器 5 前速 + 倒档

底盘	
车身类型：	双座跑车（Berlinetta）
车架：	钢制井格排列式管状车架
前悬架：	带防倾杆的双叉臂螺旋弹簧悬架，筒式液压减振器
后悬架：	带防倾杆的双叉臂螺旋弹簧悬架，筒式液压减振器
转向：	齿轮齿条式转向器
前 / 后制动系统类型：	通风盘式制动系统
车轮：	前后轮都为 16 英寸镁合金轮圈，前 225/55 轮胎，后 265/50 轮胎

车辆尺寸和质量	
轴距：	96.5 英寸（2451 毫米）
前 / 后轮距：	61.4 英寸 /61.5 英寸（1560 毫米 /1562 毫米）
长：	168.9 英寸（4290 毫米）
宽：	75.2 英寸（1910 毫米）
高：	44.1 英寸（1120 毫米）
质量：	2557 磅（1160 千克）
油箱容积：	32 加仑（120 升）

性能数据	
最高车速：	190 英里 / 时（306 公里 / 时）
0 到 60 英里 / 时加速（0 到 100 公里 / 时加速）时间：	4.9 秒
质量功率比：	6.39 磅 / 马力（2.90 千克 / 马力）

这款车是308 GTB/GTS系列车型的直接继任者，不过被赋予了更鲜活的机械感。328 GTB还是与1975年之前的车型类似，依旧采用中横置V8发动机的动力系统，不过发动机排量从179立方英寸（2933毫升）提升到194立方英寸（3179毫升）。与老款的308 Quattrovalvole类似，它采用了双顶置凸轮轴和每缸4气门的设计。电子点火模块代替了之前的点火线圈。最大输出功率从308 QV的243马力增加到了到274马力，这样做的结果是最高车速达到了163英里/时（262公里/时），0到60英里/时（0至100公里/时）加速时间仅为6.4秒。328这三个数字在车型名称中所代表的是发动机的总排量3.2升和发动机气缸数为8。GTB则代表的Gran Turismo Berlinetta（GT双门跑车）。这款车由宾尼法利纳公司主导设计，车身与保险杠采用相同的颜色涂装，车身造型更柔和，设计风格上比308 GTB更圆润。从这款车上也能看出Mondial 3.2的一些影子，328 GTB与它共享了类似的散热器格栅和前照灯总成布局。1988年中期改款时，328配备了ABS制动防抱死系统。与308系列一样，其传动系统是一款5速变速器。328 GTB的生产周期为4年，1989年被348 TB取代。市售的GTB在市场反应上不算成功，只售出了1500辆。相比之下，308 GTS Spider则卖出了6000辆以上。

POTENZA
OUT SIDE

Testarossa诞生于法拉利的黄金时代，从它身上我们能看到GTO血统的回归。这款新车的名字是法拉利史上非常著名的一个组合词：Testa Rossa。这个名称最初是用在1956年的500 TR Barchetta和后来1957年的250 Spider上。Teata Rossa这个短语在意大利语中是“红头”（Red Head），来源于发动机上的凸轮轴盖被涂成红色。到了20世纪80年代，这个短语被合成了一个完整的单词：Testarossa。这款车由宾尼法利纳公司主导设计，在法拉利中是一辆完全与众不同的跑车。它打破了当时所有的设计规则。Testarossa是法拉利512BBi的后继车型，它的车门板非常厚，且有设计成百叶窗形状的散热口，用来给侧面的散热器进行冷却。长矩形的尾灯隐藏在一面像百叶窗的长条后面，这些长条与车身同宽，水平排列，表面为哑光黑色。另外，在早期款车型上，只配有单侧外后视镜，安装在驾驶人侧的A柱上。1987年，这项设计被更常规的双外后视镜设计取代。后轮距比前轮距要宽（前：59.8英寸/1518毫米，后：65.4英寸/1660毫米）。车身材质主要是铝。该车的动力单元为一台302立方英寸（4943毫升）、180°夹角的单缸4气门双顶置凸轮轴V12发动机，能够提供395马力的功率。Testarossa自1984年起投产一直生产到1991年停产，被512TR替代。此外，宾尼法利纳公司还在1985年单独出品了一款敞篷特别版，为菲亚特总裁Gianni Agnelli个人使用。

MICHELIN
PRIMACY 3ST
Ferrari

法拉利 328 GTB
1985

法拉利 Testarossa

技术参数

发动机	
布局类型：	中置，纵向
气缸：	180° 夹角，V 型 12 气缸
缸径 × 行程：	3.23 英寸 x3.07 英寸（82.0 毫米 x78.0 毫米）
排量：	302 立方英寸（4949 毫升）
最大动力：	390 马力，对应转速为 6300 转 / 分钟
最大转矩：	362 磅 · 英尺（490 牛 · 米），对应转速为 4500 转 / 分钟
气门驱动方式：	单侧缸体配备双顶置凸轮轴
气门数：	每缸四气门，两进两排
燃料供给装置：	博世 K-Jetronic 燃油喷射系统
点火系统：	每缸一个火花塞，Marelli Microplex 电子点火
冷却方式：	水冷
润滑方式：	干式油底壳

传动系统	
驱动方式：	后轮驱动
离合器类型：	双片式离合器
变速器：	手动变速器 5 前速 + 倒档

底盘	
车身类型：	双座跑车（Berlinetta）
车架：	钢制井格排列式管状车架
前悬架：	带防倾杆的双叉臂螺旋弹簧悬架，筒式液压减振器
后悬架：	带防倾杆的双叉臂螺旋弹簧悬架，筒式液压减振器
转向：	齿轮齿条式转向器
前 / 后制动系统类型：	通风盘式制动系统
车轮：	前后轮都为 16 英寸轻合金轮圈，前 225/50 轮胎 后 255/50 轮胎

车辆尺寸和质量	
轴距：	100.4 英寸（2550 毫米）
前 / 后轮距：	59.8 英寸 /65.4 英寸（1519 毫米 /1661 毫米）
长：	176.6 英寸（4486 毫米）
宽：	77.8 英寸（1976 毫米）
高：	44.5 英寸（1130 毫米）
质量：	3320 磅（1506 千克）
油箱容积：	32 加仑（120 升）

性能数据	
最高车速：	180 英里 / 时（290 公里 / 时）
0 到 60 英里 / 时加速（0 到 100 公里 / 时加速）时间：	5.8 秒
质量功率比：	8.51 磅 / 马力（3.86 千克 / 马力）

法拉利 Testarossa 1984

法拉利 328 GTB

技术参数

发动机

布局类型：	中置，横向
气缸：	90° 夹角，V 型 8 气缸
缸径 × 行程：	3.27 英寸 x2.90 英寸（83.0 毫米 x73.7 毫米）
排量：	194 立方英寸（3179 毫升）
最大动力：	274 马力，对应转速为 7000 转 / 分钟
最大转矩：	224 磅 · 英尺（304 牛 · 米），对应转速为 5500 转 / 分钟
气门驱动方式：	单侧缸体配备双顶置凸轮轴
气门数：	每缸四气门，两进两排
燃料供给装置：	博世 K-Jetronic 燃油喷射系统
点火系统：	每缸一个火花塞，Marelli Microplex 电子点火
冷却方式：	水冷
润滑方式：	湿式油底壳

传动系统

驱动方式：	后轮驱动
离合器类型：	干式单片离合器
变速器：	手动变速器 5 前速 + 倒档

底盘

车身类型：	双座跑车（Berlinetta）
车架：	钢制井格排列式管状车架
前悬架：	带防倾杆的双叉臂螺旋弹簧悬架，筒式液压减振器
后悬架：	带防倾杆的双叉臂螺旋弹簧悬架，筒式液压减振器
转向：	齿轮齿条式转向器
前 / 后制动系统类型：	盘式制动系统
车轮：	前后轮都为 16 英寸轻合金轮圈，前 205/55 轮胎，后 225/50 轮胎

车辆尺寸和质量

轴距：	92.5 英寸（2350 毫米）
前 / 后轮距：	58.5 英寸 /57.7 英寸（1486 毫米 /1466 毫米）
长：	167.5 英寸（4255 毫米）
宽：	68.1 英寸（1730 毫米）
高：	44.4 英寸（1128 毫米）
质量：	2784 磅（1263 千克）
油箱容积：	20 加仑（76 升）

性能数据

最高车速：	163 英里 / 时（262 公里 / 时）
0 到 60 英里 / 时加速（0 到 100 公里 / 时加速）时间：	6.4 秒
质量功率比：	10.32 磅 / 马力（4.68 千克 / 马力）

方英寸（165.1马力/升）的可怕升功率。F40的轴距与288 GTO相同（96.5英寸 /2451毫米），但F40的钢管车架镶嵌了复合材料，可以提供更好的车架刚性。这是第一辆采用凯夫拉与玻璃纤维复合材料制作车身的法拉利。交叉钻孔通风盘式制动器没有动力辅助。同时，可调节高度的电子控制悬架系统被运用在这款车上。内饰方面极为精简，几乎没有更多的累赘。对于一辆竞技车型来说，空调是在舒适度上唯一的妥协。这款车没有配备电动车窗，甚至是第一辆用有机玻璃板代替侧窗玻璃和后窗玻璃的量产车。它一直生产到1992年，接着被F50替代。

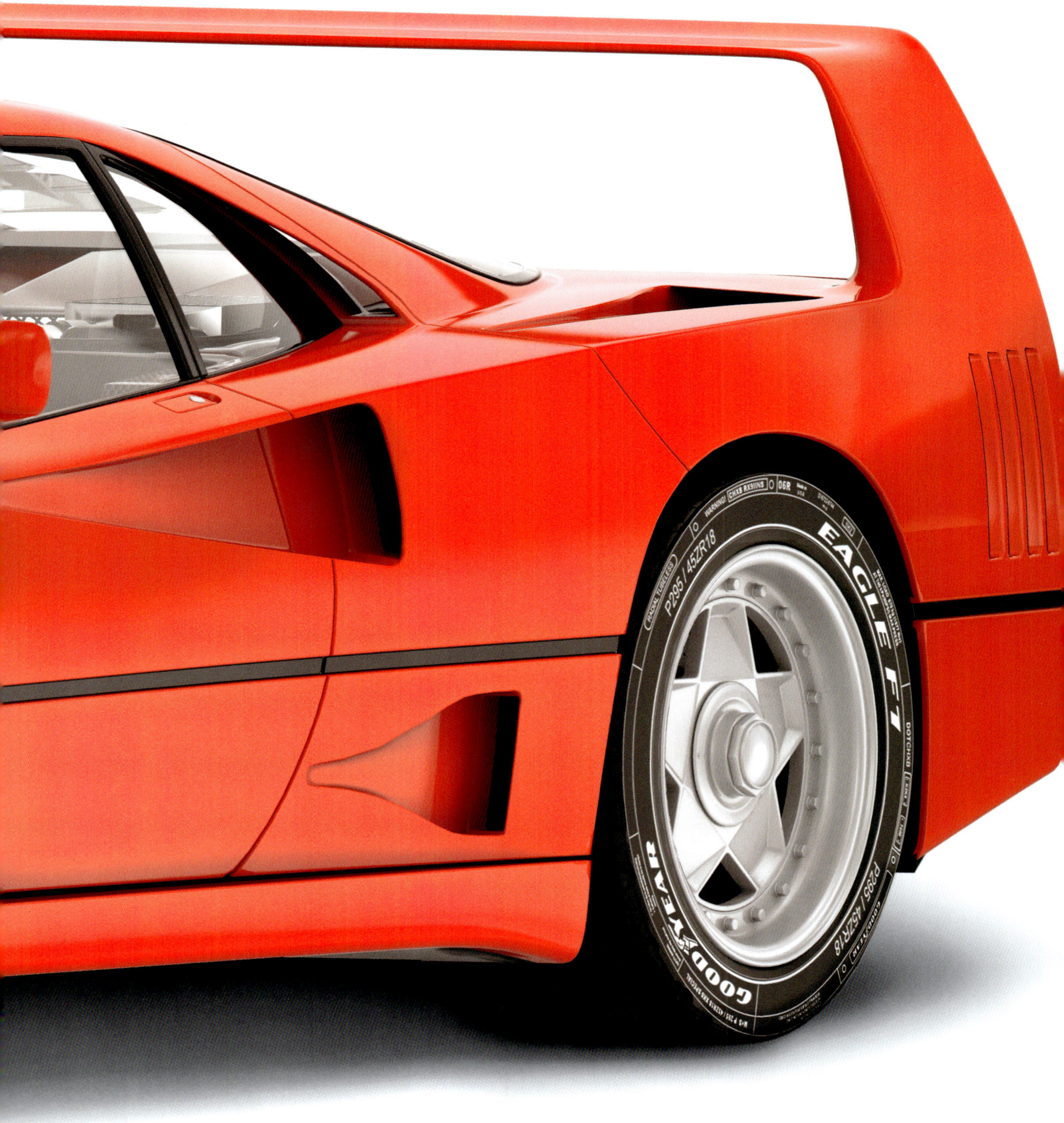

法拉利412是法拉利中第一辆将博世ABS列为标准配置的车型。412是2 + 2 400i的后继车型，它同时也采用了传统的365 GT4（1972年）所使用的 2+2布局形式，动力系统来自于一台前置302立方英寸（4943毫升）的V12发动机，动力输出达到345马力。无论是5速手动变速器，还是搭配通用汽车带液力变矩器的3速自动变速器，这些都是在400i上首次亮相的。412

由宾尼法利纳公司设计，采用宽敞的2+2设计，车标采用跃马徽章，搭载了Marelli Microplex公司的电子点火系统，保险杠与车身采用同色设计，标配了不少当时被认为是奢侈品的配置：真皮内饰、助力转向、空调、收音机和中央门锁。法拉利车队车手Michele Alboreto的儿子出生时，恩佐·法拉利亲自将一辆412送给了他。被作为车名的“412”是指单气缸的排量。412与365 GT4 2+2和400之间的相似度非常高，如同家族性设计。这款车到1989年停产，这也标志着法拉利使用了17年的单一设计风格结束。此后又诞生一项纪录，在下一个2+2车型出现在法拉利产品目录上之前，法拉利近7年都没有自动档车型，直到1992年，法拉利推出456 GT。

法拉利F40是一款适合道路使用的赛车。这款车是法拉利为了庆祝自己40周年而推出的一款超级跑车。这辆车的推出轰动一时，非常受欢迎，超出了所有人的预期，甚至超出了法拉利原计划400辆的产量，最终迫使法拉利将产量追加到1300多辆。这款车是288 GTO精神上的继承者，还是由宾尼法利纳公司主导设计。它散发出一种原始的气息，忠实地描绘出它的真实性格。在动力系统方面，它由一台177立方英寸（2.9升）、32气门的V8发动机提供485马力，新鲜空气经过双涡轮增压压缩后，再通过一对中冷器冷却，压力在16 PSI（1.1Bar）时可爆发出2.71马力/立

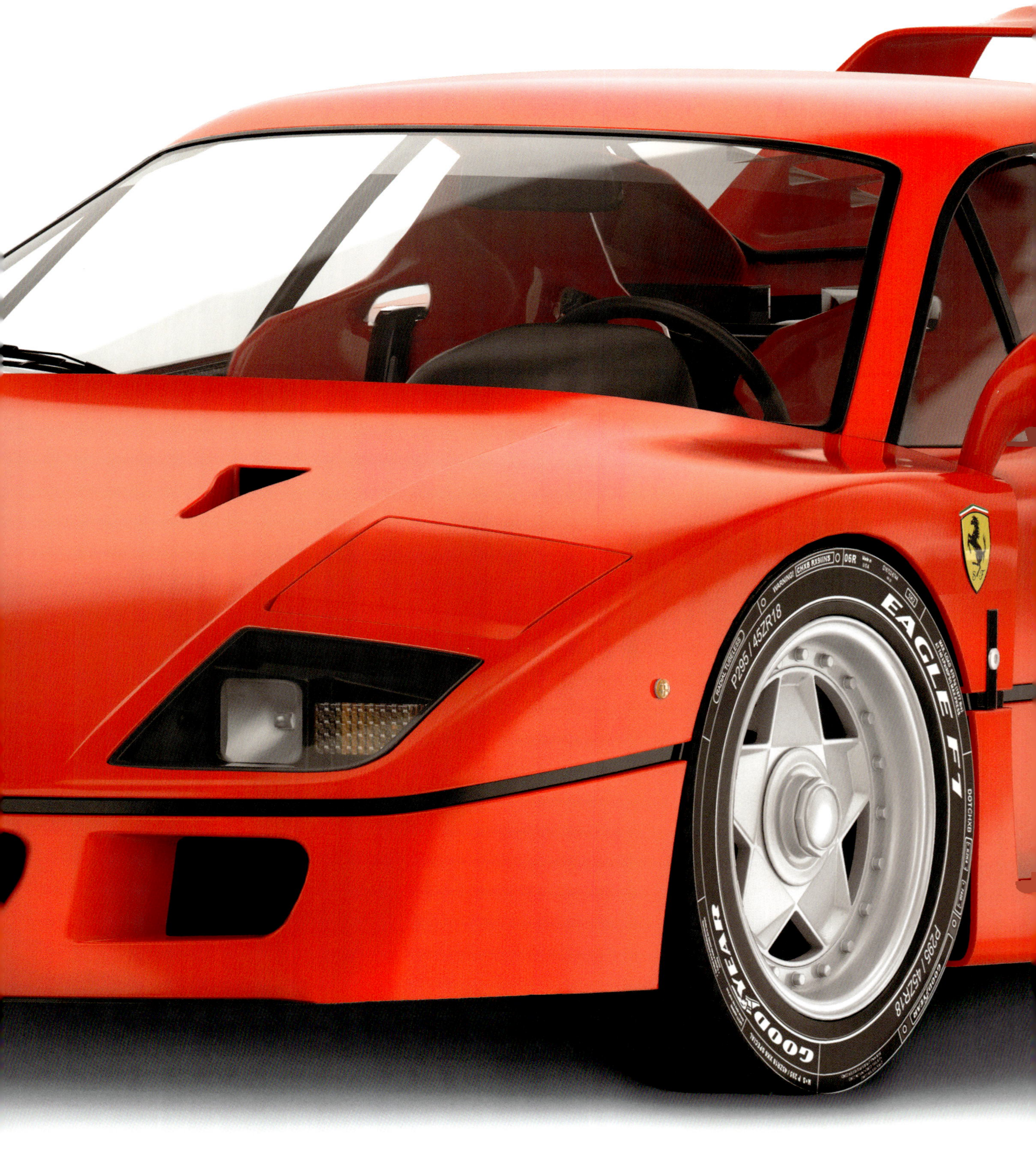

法拉利 F40
1987

法拉利 412

技术参数

发动机	
布局类型：	中置，纵向
气缸：	60° 夹角，V 型 12 气缸
缸径 × 行程：	3.23 英寸 x3.07 英寸（82.0 毫米 x78.0 毫米）
排量：	302 立方英寸（4949 毫升）
最大动力：	340 马力，对应转速为 6000 转 / 分钟
最大转矩：	333 磅 · 英尺（451 牛 · 米），对应转速为 4200 转 / 分钟
气门驱动方式：	单侧缸体配备双顶置凸轮轴
气门数：	每缸两气门，一进一排
燃料供给装置：	博世 K-Jetronic 燃油喷射系统
点火系统：	每缸一个火花塞，Marelli Microplex 电子点火
冷却方式：	水冷
润滑方式：	湿式油底壳
传动系统	
驱动方式：	后轮驱动
离合器类型：	干式双片离合器（手动挡）/ 液力变矩器（自动挡）
变速器：	手动变速器 5 前速 + 倒档 / 自动变速器 3 前速 + 倒档
底盘	
车身类型：	2+2 轿跑（Coupe）
车架：	钢制井格排列式管状车架
前悬架：	带防倾杆的双叉臂螺旋弹簧悬架，筒式液压减振器
后悬架：	带防倾杆的双叉臂螺旋弹簧悬架，筒式液压减振器
转向：	齿轮齿条式转向器
前 / 后制动系统类型：	通风盘式制动系统
车轮：	前后轮都为 16 英寸轻合金轮圈，前后都为 240/55 后轮胎
车辆尺寸和质量	
轴距：	106.3 英寸（2700 毫米）
前 / 后轮距：	58.3 英寸 /59.1 英寸（1481 毫米 /1501 毫米）
长：	189.4 英寸（4811 毫米）
宽：	70.8 英寸（1798 毫米）
高：	51.7 英寸（1313 毫米）
质量：	3979~3990 磅（1805~1810 千克）自动变速器
油箱容积：	32 加仑（120 升）
性能数据	
最高车速：	152~158 英里 / 时（245~254 公里 / 时）自动变速器
0 到 60 英里 / 时加速（0 到 100 公里 / 时加速）时间：	6.7~8.3 秒（自动变速器）
质量功率比：	11.71~11.73 磅 / 马力（5.31~5.32 千克 / 马力）自动变速器

法拉利 412
1985

法拉利 F40

技术参数

发动机	
布局类型：	中置，纵向
气缸：	90° 夹角，V 型 8 气缸
缸径 × 行程：	3.23 英寸 x2.74 英寸（82.0 毫米 x69.6 毫米）
排量：	179 立方英寸（2933 毫升）
最大动力：	478 马力，对应转速为 7000 转 / 分钟
最大转矩：	426 磅 · 英尺（577 牛 · 米），对应转速为 4000 转 / 分钟
气门驱动方式：	单侧缸体配备双顶置凸轮轴
气门数：	每缸四气门，两进两排
燃料供给装置：	Weber-Marelli 电子燃油喷射系统，双 IHI 涡轮增压，双中冷器
点火系统：	每缸一个火花塞，Weber-Marelli 电子点火
冷却方式：	水冷
润滑方式：	干式油底壳

传动系统	
驱动方式：	后轮驱动
离合器类型：	双片式离合器
变速器：	手动变速器 5 前速 + 倒档

底盘	
车身类型：	双座跑车（Berlinetta）
车架：	钢制与复合材料搭配井格排列式管状车架
前悬架：	带防倾杆的双叉臂螺旋弹簧悬架，筒式液压减振器
后悬架：	带防倾杆的双叉臂螺旋弹簧悬架，筒式液压减振器
转向：	齿轮齿条式转向器
前 / 后制动系统类型：	交叉钻孔通风盘式制动系统
车轮：	前后轮都为 17 英寸轻合金轮圈，前 245/40 轮胎，后 335/35 轮胎

车辆尺寸和质量	
轴距：	96.5 英寸（2451 毫米）
前 / 后轮距：	62.8 英寸 /63.2 英寸（1595 毫米 /1605 毫米）
长：	171.6 英寸（4359 毫米）
宽：	77.6 英寸（1971 毫米）
高：	44.3 英寸（1125 毫米）
质量：	2425 磅（1100 千克）
油箱容积：	32 加仑（120 升）

性能数据	
最高车速：	201 英里 / 时（323 公里 / 时）
0 到 60 英里 / 时加速（0 到 100 公里 / 时加速）时间：	4.1 秒
质量功率比：	5.07 磅 / 马力（2.30 千克 / 马力）

法拉利历史上的另一个转折点，是开始使用方向盘上的拨片换档，其技术源于F1上使用的电控液压变速器管理系统。这是未来将普及的一项新科技，最初是专为赛车开发的，现在首次在道路车型上使用。F355的名字代表总排量214立方英寸（3.5升）和每缸5气门设计。这款车由宾尼法利纳公司主导设计，动力来源于一台90° 夹角的V8发动机，中置纵向安装，其中使用了钛合金制成的活塞连杆，每个缸体都配备了双顶置凸轮轴。这款车与过去相比，创新之处是使用了每缸5气门的设计，取代以往普遍使用的每缸4气门设计。这款V8发动机能够提供385马力的动力输出，它与变速器一起被安装在钢制管状车架上。主底盘框架的架构是钢制单体壳，这是当时的另一个创新。悬架方面采用电子控制，有两种设置，能够在驾驶舱里进行选择。车身材质由铝和钢结合使用，车身的空气动力学设计也备受关注，整车设计简约但考虑周到，包括全车底部和尾部扩散器都进行了精细设计，增加了下压力。起初，这款车配备了传统的6速手动变速器。1997年，这款车开始使用源自F1技术的液压电控变速器。这套系统最初是法拉利专为F1赛车开发的，后来也应用在F355 GTS（Targa车型）和Spider敞篷车型上。1999年，F355被360 Modena取代。

1984年Testarrossa开始进化，新车标志着命名方式又回归到了数字排列的形式。数字5代表发动机排量，12代表发动机的气缸数。TR则是Testarrossa的缩写。在外观造型上，新车的变化相对较少，比较明显的变化是前格栅，采用全新设计的五辐星形、开槽合金轮圈。内饰上进行了彻底的改变，新车更为舒适，也更符合人体工程学。180° 夹角的V12发动机和之前一样，排气量为302立方英寸（4949毫升），改进后的进气系统，气门更大，重新设计的凸轮轴角度以及采用了博世Motronic M2.7电子点火和电子燃油喷射系统，有助于将发动机的最大动力从395马力提升至434马力。更换了更专业化的活塞后，压缩比从9.3∶1提升至10.0∶1。此外，发动机与变速器总成的安装位置下降了30毫米（降低了重心），从而提升了512TR的操控响应能力和抓地性能。这款车的轴距保持不变，和之前一样还是100.4英尺（2550mm）。制动系统配备了ABS。车辆的重量从3320磅（1506千克）下降到3247磅（1473千克）。512TR一直生产到1994年。后来，一款进一步改进的Testarrossa系列车型——F512M问世，将512TR取而代之。

EAGLE F1
P295 / 45ZR18
GOODYEAR

法拉利 F355 Berlinetta 1994

法拉利 512 TR

技术参数

发动机

布局类型：	中置，纵向
气缸：	180° 夹角，V 型 12 气缸
缸径 × 行程：	3.23 英寸 x3.07 英寸（82.0 毫米 x78.0 毫米）
排量：	302 立方英寸（4949 毫升）
最大动力：	434 马力，对应转速为 6750 转 / 分钟
最大转矩：	362 磅 · 英尺（490 牛 · 米），对应转速为 5500 转 / 分钟
气门驱动方式：	单侧缸体配备双顶置凸轮轴
气门数：	每缸四气门，两进两排
燃料供给装置：	博世 Motronic M2.7 电子燃油喷射系统
点火系统：	每缸一个火花塞，博世 Motronic M2.7 电子点火
冷却方式：	水冷
润滑方式：	干式油底壳

传动系统

驱动方式：	后轮驱动
离合器类型：	干式单片离合器
变速器：	手动变速器 5 前速 + 倒档

底盘

车身类型：	双座跑车（Berlinetta）
车架：	钢制井格排列式管状车架
前悬架：	带防倾杆的双叉臂螺旋弹簧悬架，筒式液压减振器
后悬架：	带防倾杆的双叉臂螺旋弹簧悬架，筒式液压减振器
转向：	齿轮齿条式转向器
前 / 后制动系统类型：	通风盘式制动系统
车轮：	前后轮都为 18 英寸轻合金轮圈，前 235/40，后 295/35 轮胎

车辆尺寸和质量

轴距：	100.4 英寸（2550 毫米）
前 / 后轮距：	60.3 英寸 /64.7 英寸（1532 毫米 /1643 毫米）
长：	176.4 英寸（4481 毫米）
宽：	77.8 英寸（1976 毫米）
高：	44.7 英寸（1135 毫米）
质量：	3247 磅（1473 千克）
油箱容积：	26 加仑（100 升）

性能数据

最高车速：	195 英里 / 时（314 公里 / 时）
0 到 60 英里 / 时加速（0 到 100 公里 / 时加速）时间：	4.8 秒
质量 / 功率比：	7.58 磅 / 马力（3.44 千克 / 马力）

法拉利 512 TR 1991

法拉利 F355 Berlinetta

技术参数

发动机

布局类型：	中置，纵向
气缸：	90° 夹角，V 型 8 气缸
缸径 × 行程：	3.35 英寸 x3.03 英寸（85.0 毫米 x77.0 毫米）
排量：	213 立方英寸（3490 毫升）
最大动力：	380 马力，对应转速为 8250 转 / 分钟
最大转矩：	268 磅 · 英尺（363 牛 · 米），对应转速为 6000 转 / 分钟
气门驱动方式：	单侧缸体配备双顶置凸轮轴
气门数：	每缸五气门，三进两排
燃料供给装置：	博世 Motronic M2.7 电子燃油喷射系统
点火系统：	每缸一个火花塞，博世 Motronic M2.7 电子点火
冷却方式：	水冷
润滑方式：	干式油底壳

传动系统

驱动方式：	后轮驱动
离合器类型：	干式单片离合器
变速器：	手动变速器 6 前速 + 倒档（含 1997 年的 F1 电控液压变速器）

底盘

车身类型：	双座跑车（Berlinetta）
车架：	钢制单体壳与带后副车架的钢制管状车架
前悬架：	带防倾杆的双叉臂螺旋弹簧悬架，筒式液压减振器
后悬架：	带防倾杆的双叉臂螺旋弹簧悬架，筒式液压减振器
转向：	齿轮齿条式转向器
前 / 后制动系统类型：	通风盘式制动系统
车轮：	前后轮都为 18 英寸镁合金轮圈，前 225/40 轮胎，后 265/40 轮胎

车辆尺寸和质量

轴距：	96.5 英寸（2451 毫米）
前 / 后轮距：	59.6 英寸 /63.6 英寸（1514 毫米 /1615 毫米）
长：	167.3 英寸（4249 毫米）
宽：	74.8 英寸（1900 毫米）
高：	46.1 英寸（1171 毫米）
质量：	2976 磅（1350 千克）
油箱容积：	23 加仑（87 升）

性能数据

最高车速：	183 英里 / 时（295 公里 / 时）
0 到 60 英里 / 时加速（0 到 100 公里 / 时加速）时间：	4.7 秒
质量 / 功率比：	7.83 磅 / 马力（3.55 千克 / 马力）

这款车是F355的继任者，也是法拉利的一个转折点，与过去那些车型的设计、技术等方面有着大相径庭的变化。这款车标志着法拉利全新的设计风格，以及新的空气动力学线条。前格栅的进气口引导空气通过散热器，然后从车底中央部分通过，接着穿过后悬架组件，再经过车后底护板，最后气流从车尾下抽出。这样设计，使得车辆在高速状态下有较大的下压力。这是第一个采用全铝合金承载式车身的公路版法拉利，它比F355的钢制单体壳的硬度增强了40%。车身部件尽可能选用铝制材料来制作，以进一步减轻重量。360 Modena的重量为2844磅（1290千克），尽管比前代车型的尺寸更大，但是却要轻132磅（60千克）。在尺寸上，它比F355长8.9英寸（226毫米），轴距也比前代车型长，从96.4英寸（2449毫米）增加到102.4英寸（2601毫米）。在这款车型上首次搭载了电子牵引力控制系统，像电子悬架控制一样，具有多种设置方式。在竞技模式下，电子控制系统可以完全关闭。与F355相比，40气门的V8发动机排量增加到了219立方英寸（3.6升），因此得名360。另一项创新是这款车采用了电子节气门，全电子控制没有任何机械连接。这款车于2004年停产，由F430继任。

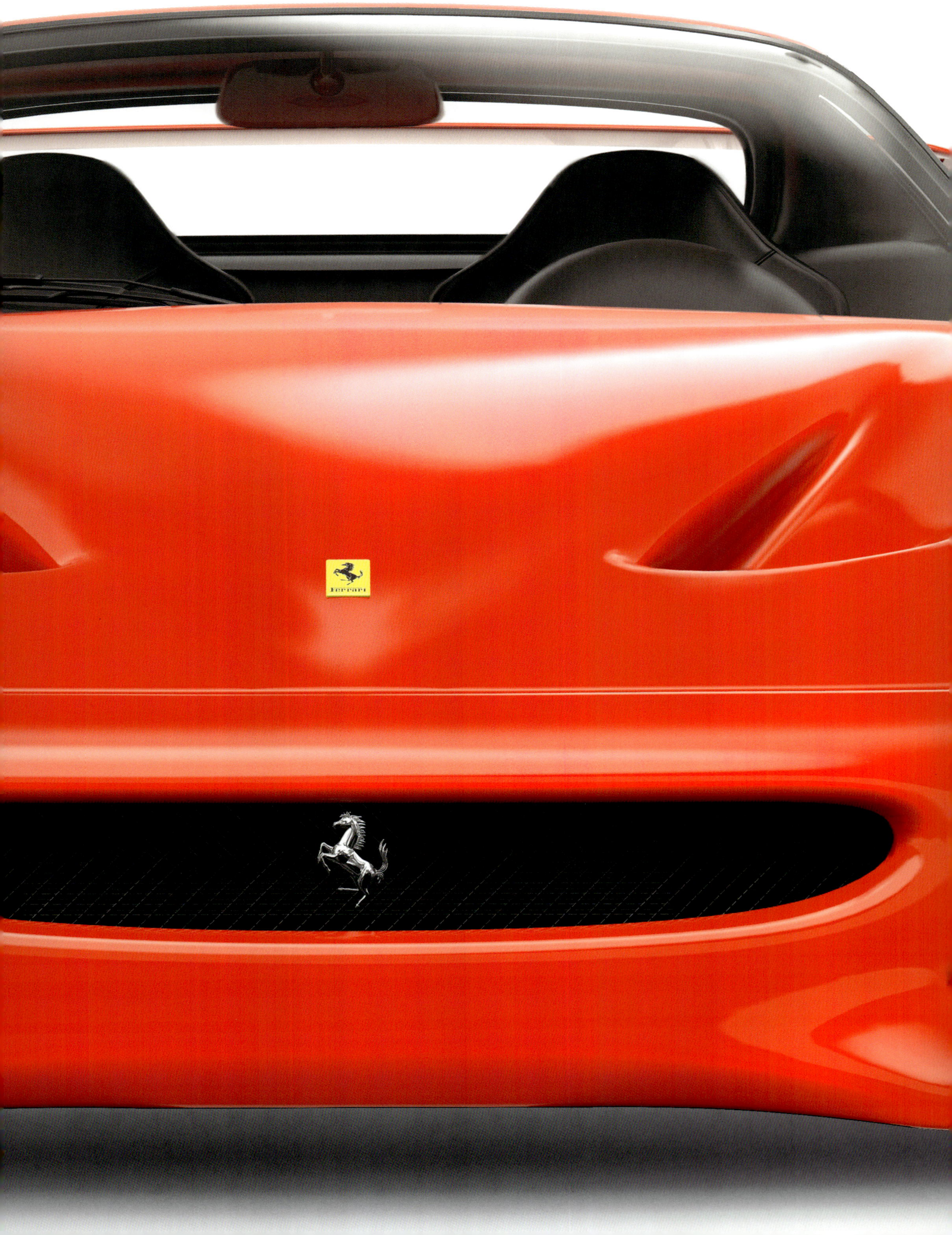

在当时法拉利所有的公路跑车中，这是最接近F1方程式赛车的车型。它是F40的继任者，同样是一款纪念车型，是为了庆祝法拉利作为汽车制造商诞生50周年。从技术上来讲，这款车与F40有着本质上的不同。发动机不再采用V8涡轮增压设计，而是一款采用自然吸气65°夹角的V12发动机。它采用了钛合金连杆、单缸五气门设计。这是从1990年的法拉利一级方程式赛车F1-90上获取来的动力总成。发动机排量从213立方英寸（3940毫升）提升至287立方英寸（4703毫升）。底盘框架结构也有很大的不同：F40是钢管结构车架；F50是碳纤维复合材料制成的单体壳底盘。另外，发动机被用作后悬架与传动系统的负荷承载部件。F50由宾尼法利纳公司设计，车身完全由复合材料制成，并且有一个可拆卸的硬车顶面板。电子控制的推杆悬架是另一项源自于F1的新技术。独特的悬架连杆与轮毂单元相配合，A字型叉臂连接在轮毂单元上，然后由一根连杆连接叉臂和螺旋弹簧、减振器组件；弹簧和减振器水平安装。与F40一样，F50做出的唯一让步是安装了舒适的空调。F50没有助力转向，没有动力辅助制动系统和ABS，这是一款不妥协、纯粹的跑车，但与它的前任相比，又不那么极端。1997年，法拉利F50停产。

法拉利 360 Modena 1999

法拉利 F50

技术参数

布局类型：	中置，纵向
气缸：	65° 夹角，V 型 12 气缸
缸径 × 行程：	3.35 英寸 x2.72 英寸（85.0 毫米 x69.0 毫米）
排量：	287 立方英寸（4703 毫升）
最大动力：	527 马力，对应转速为 8500 转 / 分钟
最大转矩：	348 磅 · 英尺（471 牛 · 米），对应转速为 6500 转 / 分钟
气门驱动方式：	单侧缸体配备双顶置凸轮轴
气门数：	每缸五气门，三进两排
燃料供给装置：	博世 Motronic M2.7 电子燃油喷射系统
点火系统：	每缸一个火花塞，博世 Motronic M2.7 电子点火
冷却方式：	水冷
润滑方式：	干式油底壳

传动系统

驱动方式：	后轮驱动
离合器类型：	双片式离合器
变速器：	手动变速器 6 前速 + 倒档

底盘

车身类型：	双座跑车（Spider）
车架：	碳纤维单体壳车架
前悬架：	推杆双叉臂螺旋弹簧悬架，筒式液压减振器
后悬架：	推杆双叉臂螺旋弹簧悬架，筒式液压减振器
转向：	齿轮齿条式转向器
前 / 后制动系统类型：	通风盘式制动系统
车轮：	前后轮都为 16 英寸轻合金轮圈，前 225/50 轮胎，后 255/50 轮胎

车辆尺寸和质量

轴距：	101.6 英寸（2581 毫米）
前 / 后轮距：	63.8 英寸 /63.1 英寸（1621 毫米 /1603 毫米）
长：	176.4 英寸（4481 毫米）
宽：	78.2 英寸（1986 毫米）
高：	44.1 英寸（1120 毫米）
质量：	2712 磅（1230 千克）
油箱容积：	28 加仑（106 升）

性能数据

最高车速：	202 英里 / 时（325 公里 / 时）
0 到 60 英里 / 时加速（0 到 100 公里 / 时加速）时间：	3.87 秒
质量功率比：	5.20 磅 / 马力（2.36 千克 / 马力）

法拉利 F50
1995

法拉利 360 Modena

技术参数

发动机	
布局类型：	中置，纵向
气缸：	90° 夹角，V 型 8 气缸
缸径 × 行程：	3.35 英寸 x3.11 英寸（85.0 毫米 x79.0 毫米）
排量：	219 立方英寸（3589 毫升）
最大动力：	400 马力，对应转速为 8500 转 / 分钟
最大转矩：	276 磅 · 英尺（373 牛 · 米），对应转速为 4750 转 / 分钟
气门驱动方式：	单侧缸体配备双顶置凸轮轴
气门数：	每缸五气门，三进两排
燃料供给装置：	博世 Motronic ME7.3 电子燃油喷射系统
点火系统：	每缸一个火花塞，博世 Motronic ME7.3 电子点火
冷却方式：	水冷
润滑方式：	干式油底壳

传动系统	
驱动方式：	后轮驱动
离合器类型：	干式单片离合器
变速器：	手动变速器 6 前速 + 倒档（含 F1 电控液压变速器）

底盘	
车身类型：	双座跑车（Berlinetta）
车架：	铝制结构车架
前悬架：	带防倾杆的双叉臂螺旋弹簧悬架，筒式液压减振器
后悬架：	带防倾杆的双叉臂螺旋弹簧悬架，筒式液压减振器
转向：	齿轮齿条式转向器
前 / 后制动系统类型：	通风盘式制动系统
车轮：	前后轮都为 18 英寸轻合金轮圈，前 215/45 轮胎，后 275/40 轮胎

车辆尺寸和质量	
轴距：	102.4 英寸（2601 毫米）
前 / 后轮距：	65.7 英寸 /63.7 英寸（1669 毫米 /1618 毫米）
长：	176.3 英寸（4478 毫米）
宽：	75.7 英寸（1923 毫米）
高：	47.8 英寸（1214 毫米）
质量：	2844 磅（1290 千克）
油箱容积：	25 加仑（95 升）

性能数据	
最高车速：	183 英里 / 时（295 公里 / 时）
0 到 60 英里 / 时加速（0 到 100 公里 / 时加速）时间：	4.5 秒
质量功率比：	7.10 磅 / 马力（3.22 千克 / 马力）

550 Barchetta Pininfarina的名字很容易让人想到20世纪40年代166 MM “Barchetta”——宾尼法利纳公司为了庆祝法拉利、都灵车身制造厂和设计师之间的合作50周年而设计的车型。这款车在法拉利总裁Luca Cordero di Montezemolo愿望名单上排第一位。作为限量版，该车只有448辆，相当于无车顶版本的550 Maranello跑车。550 Maranello设计灵感来源于365 GTB/4 Daytona，动力系统还是经典的前中置V12发动机。这款发动机有334立方英寸（5473毫升）的排量，动力输出高达492马力并且搭载了可变进气歧管。缸体、缸盖和油底壳全部采用铝制。车身材质也多选用了轻合金。传动系统配有6速手动变速器，它与差速器一起安装在后轴上。其他功能还包括电子悬架控制和多种驾驶模式的牵引力控制系统。车上放有一个简易的手动软顶，以备不时之需，这么做是为了在额外加强了车身底盘、防倾杆的情况下，尽可能地降低车重以达到与550 Maranello相同的水平。这样质量功率比可以达到7.67磅/马力（3.48 千克/马力）。从外形上看，550 Barchetta Pininfarina的风窗玻璃比550 Maranello更陡，所以高度上要低10cm。这两款车都采用了钢制管状车架。

法拉利360 Spider是F355 Spider的后继车型，采用与360 Modena一样的车头设计以及相同的空气动力学造型。前格栅的进气口引导空气通过散热器，然后从车底中央部分通过，接着穿过后悬架组件，再经过车后底护板，从车尾下抽出，以获取更好的空气动力学效应。这款来自马拉内罗、空气动力学效应优秀的敞篷跑车，是法拉利从F1赛场上获取了设计经验后的结果：在高速行驶时不需要借助扰流器来增加下压力。织布软顶的开启和关闭都是完全自动化的，由一个电动机控制，不超过20秒就可以完成开闭动作。与它的前代车型F355 Spider一样，软顶收起后折叠放置在机舱和中置V8发动机之间的狭小空间中。不过这次有些不同，打开车顶后的敞篷部分零件不再被织物层覆盖保护，取而代之的是两个在座椅后的金属环（作为防滚架支撑）。铝制车身板件与Coupe车型一样，不过在车头与车尾部分都进行了强化，从而使Spider车重增加了132磅（60千克）。悬架和一些机械零件与之前的F355 Berlinetta一样。这款车的突出特点毫无疑问是新的V8发动机。它采用了每缸5气门的设计，219立方英寸（3.6升）排气量，动力输出达到406马力，转矩达到276磅·英尺（373牛·米）。2005年，这款车停产，之后被F430 Spider取代。

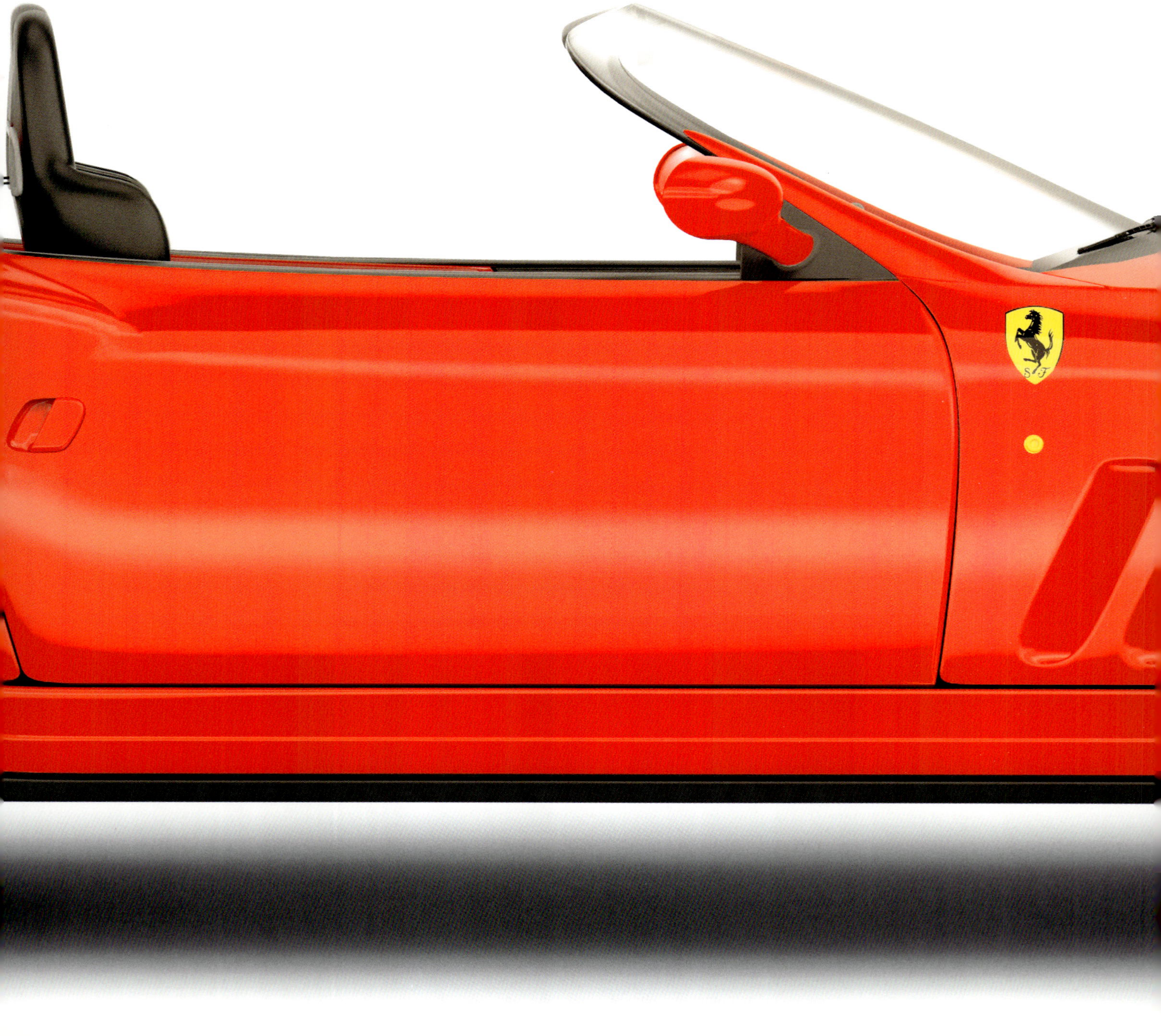

法拉利 550 Barchetta Pininfarina 2000

法拉利 360 Spider

技术参数

发动机	
布局类型：	中置，纵向
气缸：	90° 夹角，V 型 8 气缸
缸径 × 行程：	3.35 英寸 x3.11 英寸（85.0 毫米 x79.0 毫米）
排量：	219 立方英寸（3589 毫升）
最大动力：	400 马力，对应转速为 8500 转 / 分钟
最大转矩：	276 磅 · 英尺（373 牛 · 米），对应转速为 4750 转 / 分钟
气门驱动方式：	单侧缸体配备双顶置凸轮轴
气门数：	每缸五气门，三进两排
燃料供给装置：	博世 Motronic ME7.3 电子燃油喷射系统
点火系统：	每缸一个火花塞，博世 Motronic ME7.3 电子点火
冷却方式：	水冷
润滑方式：	干式油底壳

传动系统	
驱动方式：	后轮驱动
离合器类型：	干式单片离合器
变速器：	手动变速器 6 前速 + 倒档（含 F1 电控液压变速器）

底盘	
车身类型：	双座敞篷跑车（Spider）
车架：	铝制结构车架
前悬架：	带防倾杆的双叉臂螺旋弹簧悬架，筒式液压减振器
后悬架：	带防倾杆的双叉臂螺旋弹簧悬架，筒式液压减振器

转向：	齿轮齿条式转向器
前 / 后制动系统类型：	通风盘式制动系统
车轮：	前后轮都为 18 英寸轻合金轮圈，前 215/45 轮胎，后 275/40 轮胎

车辆尺寸和质量	
轴距：	102.4 英寸（2601 毫米）
前 / 后轮距：	65.7 英寸 /63.7 英寸（1669 毫米 /1617 毫米）
长：	176.3 英寸（4478 毫米）
宽：	75.7 英寸（1923 毫米）
高：	48.6 英寸（1234 毫米）
质量：	2976 磅（1350 千克）
油箱容积：	25 加仑（95 升）

性能数据	
最高车速：	超过 180 英里 / 时（290 公里 / 时）
0 到 60 英里 / 时加速（0 到 100 公里 / 时加速）时间：	4.6 秒
质量功率比：	7.43 磅 / 马力（3.37 千克 / 马力）

法拉利 360 Spider 2000

法拉利 550 Barchetta Pininfarina

技术参数

发动机	
布局类型：	前置，纵向
气缸：	65° 夹角，V 型 12 气缸
缸径 × 行程：	3.46 英寸 x2.95 英寸（88.0 毫米 x75.0 毫米）
排量：	334 立方英寸（5473 毫升）
最大动力：	492 马力，对应转速为 7000 转 / 分钟
最大转矩：	420 磅 · 英尺（569 牛 · 米），对应转速为 5000 转 / 分钟
气门驱动方式：	单侧缸体配备双顶置凸轮轴
气门数：	每缸四气门，两进两排
燃料供给装置：	博世 Motronic M5.2 电子燃油喷射系统
点火系统：	每缸一个火花塞，博世 Motronic M5.2 电子点火
冷却方式：	水冷
润滑方式：	干式油底壳

传动系统	
驱动方式：	后轮驱动
离合器类型：	干式单片离合器
变速器：	手动变速器 6 前速 + 倒档

底盘	
车身类型：	双座跑车（Berlinetta）
车架：	钢制管状车架
前悬架：	带防倾杆的双叉臂螺旋弹簧悬架，筒式液压减振器
后悬架：	带防倾杆的双叉臂螺旋弹簧悬架，筒式液压减振器
转向：	齿轮齿条式转向器
前 / 后制动系统类型：	通风盘式制动系统
车轮：	前后轮都为 18 英寸轻合金轮圈，前 255/40 轮胎，后 295/35 轮胎

车辆尺寸和质量	
轴距：	98.4 英寸（2499 毫米）
前 / 后轮距：	64.3 英寸 /62.4 英寸（1633 毫米 /1585 毫米）
长：	179.1 英寸（4549 毫米）
宽：	76.2 英寸（1935 毫米）
高：	49.5 英寸（1257 毫米）
质量：	3726 磅（1690 千克）
油箱容积：	30 加仑（114 升）

性能数据	
最高车速：	186 英里 / 时（299 公里 / 时）
0 到 60 英里 / 时加速（0 到 100 公里 / 时加速）时间：	4.4 秒
质量功率比：	7.67 磅 / 马力（3.48 千克 / 马力）

Enzo的诞生是世界跑车领域少有的事情。谁能想到法拉利高性能公路版跑车F40、F50已是巅峰之作时，还能推出更高性能的法拉利Enzo。法拉利Enzo不仅仅是为了纪念1988年去世的恩佐·法拉利，也是法拉利F1赛车技术在公路跑车领域的延续。它的车身造型设计、碳纤维部件和蜂窝铝夹层单体壳都是从法拉利单座赛车上吸取来的设计灵感。中置的65° V12发动机与法拉利标准的V12发动机仅在气缸数和排量上一样，其他设计都来源于法拉利F1赛车用发动机。该发动机排量为366立方英寸（5998毫升），参数优秀得让人吃惊：670马力，0-60英里/时（0-100公里/时）加速时间只需要3.65秒，最高车速能够达到217英里/时（349公里/时），它的质量功率比为4.11磅/马力（1.86千克/马力）。Enzo的变速系统是那款有名的从F1赛车上进化而来的6速变速器——电动液压控制，换档时间仅150毫秒。这是第一款配备了碳陶瓷制动盘（CCM）的公路版法拉利，由意大利制动系统专业制造商Brembo生产开发。牵引力控制按钮和侧滑角控制(Side Slip Angle Control，SSC)内置于转向盘上。这款车仍由宾尼法利纳公司主导设计，使用了电控悬架，而且采用了自适应控制。该车由碳纤维制成，车重只有2767磅（1255千克）。在平整的车底设计、扩散器、扰流翼和可变角度导流板之间的相互作用下，Enzo的空气动力学地面效应得到了很好的保证。这款车一共生产了399辆。

575M Maranello是一款前置V12发动机的运动跑车，由宾尼法利纳公司主导设计，是法拉利的经典之作，也是法拉利多年的技术积累与性能表现的巅峰之作。车名中的575是指V12发动机的排量为5.75升，后缀“M”代表“Modified”（改良）。这款车与它的前任550 Maranello相比，对几乎每个细节都进行了彻底的改进。动力单元以550的发动机总成为基础，排量从334立方英寸（5473毫升）增加到351立方英寸（5752毫升）。在这次改进中，通过优化进气系统并将压缩比从10.8：1提升到11.0：1，使发动机动力从492马力提升到522马力，转矩从420磅·英尺

（569牛·米）提升到434磅·英尺（588牛·米）。此外，在传动系统方面，这款车是法拉利第一次在公路版V12车型上使用6速F1式电控液压换档装置。575M还拥有优秀的重量分配比，前、后轴的重量分配比为50:50。这样的配重是通过驱动桥的重新设计做到——变速器后置与后桥限滑差速器集成为一个传动总成。新车采用了全新的高性能自适应减振系统。该系统最开始装在法拉利Enzo车型上，可以独立控制四个车轮的减振参数。575M的内饰非常豪华且运动感十足。2006年这款车停产，被599GTB取代。

POTENZA

法拉利 Enzo 2002

法拉利 575M Maranello

技术参数

发动机	
布局类型：	前置，纵向
气缸：	65° 夹角，V 型 12 气缸
缸径 × 行程：	3.50 英寸 x3.03 英寸（88.9 毫米 x77.0 毫米）
排量：	351 立方英寸（5752 毫升）
最大动力：	515 马力，对应转速为 7250 转 / 分钟
最大转矩：	434 磅 · 英尺（588 牛 · 米），对应转速为 5250 转 / 分钟
气门驱动方式：	单侧缸体配备双顶置凸轮轴
气门数：	每缸四气门，两进两排
燃料供给装置：	博世 Motronic M7.1 电子燃油喷射系统
点火系统：	每缸一个火花塞，博世 Motronic M7.1 电子点火
冷却方式：	水冷
润滑方式：	干式油底壳

传动系统	
驱动方式：	后轮驱动
离合器类型：	干式单片离合器
变速器：	手动变速器 6 前速 + 倒档（包含 F1 电控液压变速器）

底盘	
车身类型：	双座跑车（Berlinetta）
车架：	钢制管状车架
前悬架：	带防倾杆的双叉臂螺旋弹簧悬架，筒式液压减振器
后悬架：	带防倾杆的双叉臂螺旋弹簧悬架，筒式液压减振器
转向：	齿轮齿条式转向器
前 / 后制动系统类型：	通风盘式制动系统
车轮：	前后轮都为 18 英寸轻合金轮圈，前 255/40 轮胎，后 295/35 轮胎

车辆尺寸和质量	
轴距：	98.4 英寸（2499 毫米）
前 / 后轮距：	64.3 英寸 /62.4 英寸（1633 毫米 /1585 毫米）
长：	179.1 英寸（4549 毫米）
宽：	76.2 英寸（1935 毫米）
高：	50.3 英寸（1278 毫米）
质量：	3814 磅（1730 千克）
油箱容积：	28 加仑（106 升）

性能数据	
最高车速：	202 英里 / 时（325 公里 / 时）
0 到 60 英里 / 时加速（0 到 100 公里 / 时加速）时间：	4.2 秒
质量功率比：	7.41 磅 / 马力（3.36 千克 / 马力）

法拉利 575M Maranello 2002

法拉利 Enzo

技术参数

发动机	
布局类型：	中置，纵向
气缸：	65° 夹角，V 型 12 气缸
缸径 × 行程：	3.62 英寸 x2.96 英寸（91.9 毫米 x75.2 毫米）
排量：	366 立方英寸（5998 毫升）
最大动力：	660 马力，对应转速为 7800 转 / 分钟
最大转矩：	485 磅·英尺（657 牛·米），对应转速为 5500 转 / 分钟
气门驱动方式：	单侧缸体配备双顶置凸轮轴
气门数：	每缸四气门，两进两排
燃料供给装置：	博世 Motronic ME7 电子燃油喷射系统
点火系统：	每缸一个火花塞，博世 Motronic ME7 电子点火
冷却方式：	水冷
润滑方式：	干式油底壳

传动系统	
驱动方式：	后轮驱动
离合器类型：	双片式离合器
变速器：	F1 电控液压变速器 6 前速 + 倒档

底盘	
车身类型：	双座跑车（Berlinetta）
车架：	碳纤维铝制复合材料单体壳车架
前悬架：	推杆双叉臂螺旋弹簧悬架，筒式液压减振器
后悬架：	推杆双叉臂螺旋弹簧悬架，筒式液压减振器
转向：	齿轮齿条式转向器
前 / 后制动系统类型：	碳陶瓷盘式制动系统
车轮：	前后轮都为 19 英寸镁合金轮圈，前轮胎为 245/35，后轮胎为 345/55

车辆尺寸和质量	
轴距：	104.3 英寸（2649 毫米）
前 / 后轮距：	65.4 英寸 /65.0 英寸（1661 毫米 /1651 毫米）
长：	185.1 英寸（4702 毫米）
宽：	80.1 英寸（2035 毫米）
高：	45.2 英寸（1148 毫米）
质量：	2767 磅（1255 千克）
油箱容积：	29 加仑（110 升）

性能数据	
最高车速：	超过 217 英里 / 时（349 公里 / 时）
0 到 60 英里 / 时加速（0 到 100 公里 / 时加速）时间：	3.65 秒
质量功率比：	4.11 磅 / 马力（1.86 千克 / 马力）

这款车采用单体壳式设计，包括风窗玻璃都集成在单体壳上，并一改以往的车门开启方式，采用翼式设计。另一个比较有特点的设计是车身有许多透明元素，水滴形的后车窗还充当了发动机舱盖。排气管有一个白色的陶瓷涂层，就像20世纪60年代的赛车一样。车身全部采用碳纤维材质制作。另外，它与P4/5 和法拉利Enzo一样，采用中置65° V12发动机，技术同样来源于F1，排量为366立方英寸（5998毫升），动力输出高达669马力。轮胎为20英寸，比Enzo的19英寸要大，但是车重却从Enzo的2767磅（1255千克）降到2646磅（1200千克），这导致质量功率比从4.18磅/马力（1.90千克/马力）降到 4.01磅/马力（1.82千克/马力）。相比Enzo 0到60英里/时（0到100公里/时）3.65秒的加速时间，P4/5只需要3.55秒，最高车速225英里/时（362公里/时）。官方还没有公布过其售价，预计会超过300万欧元。

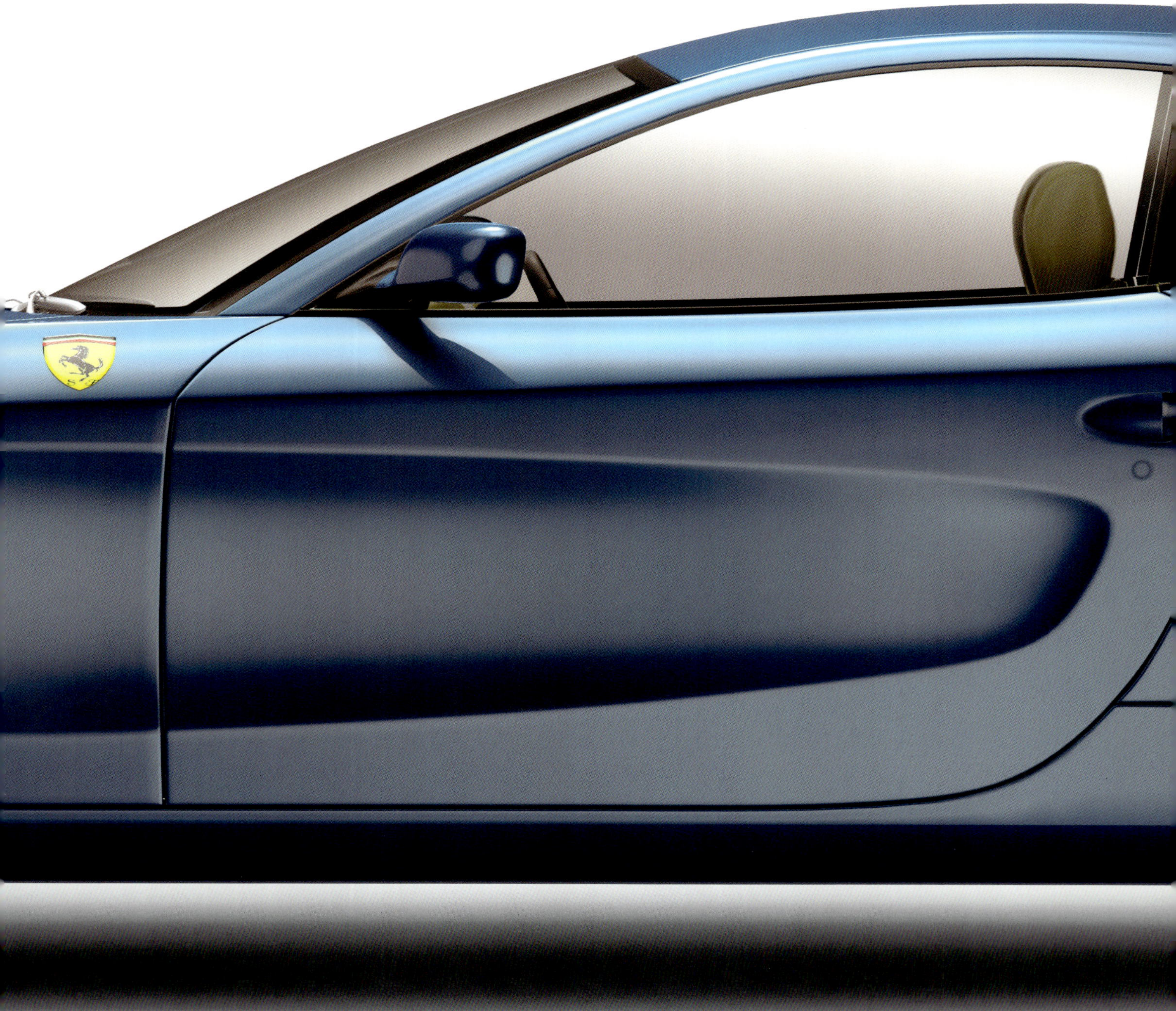

612 Scaglietti是456M的后继车型，与456M一样，采用了2+2座舱布局设计，由宾尼法利纳公司完成设计。612 Scaglietti是为了纪念已故的汽车设计师Sergio Scaglietti（1920—2011），有些20世纪五六十年代造型迷人的法拉利车型就是他设计的。为了表达对Scaglietti这个技艺精湛、精通铝制车身制造的汽车车身公司的尊敬，该车采用全铝车身，外形有点像1954年的375 MM，就是著名电影导演罗伯特·罗西里尼曾为他的妻子英格丽·褒曼定制的。车名中的数字“612”代表发动机总排量为6升，共12气缸。612还有另一个意义就是纪念，612 Can-Am为1968年美国Can-Am 挑战杯系列赛事制造的原型车。612 Scaglietti从车身风格上来看是一款跑车，但是从车内看却是一款豪华舒适的四座轿车，内饰能够完全进行个性化定制，可以搭配不同类型的天然全真皮内饰。612 Scaglietti的动力由一个前中置的V12发动机提供，排量为351立方英寸（5748毫升），动力从575 Maranello的522马力提升至547马力，与之搭配的是一款F1 电控液压变速器。该变速器与限滑差速器集成为一个传动单元安装在后驱动桥上。这款车还有一个革命性的创新：电控变色全景车顶，且能设置三个色调级别。

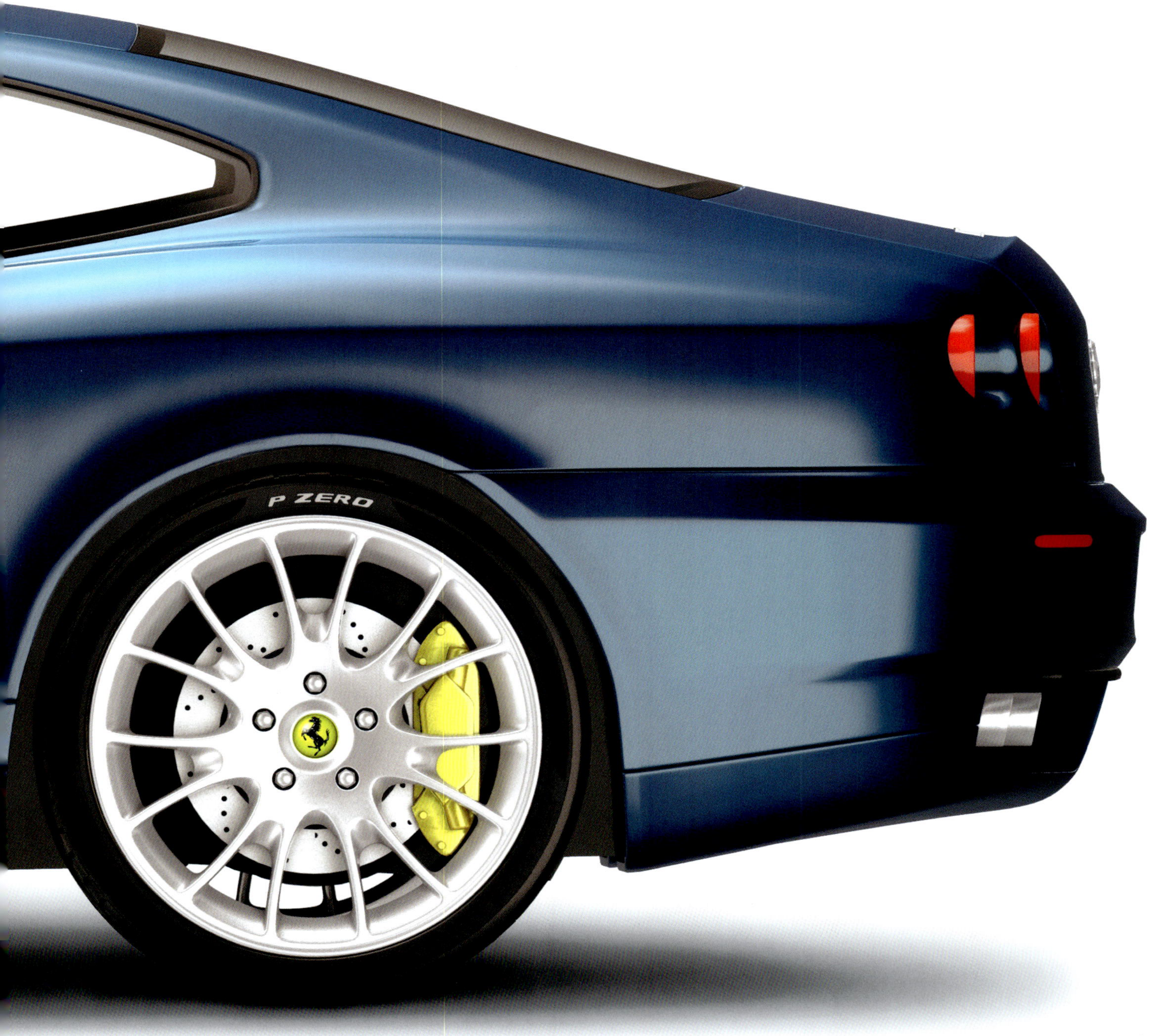

法拉利 P4/5 By Pininfarina 2006

法拉利 612 Scaglietti

技术参数

发动机	
布局类型：	前置，纵向
气缸：	65° 夹角，V 型 12 气缸
缸径 × 行程：	3.50 英寸 x3.03 英寸（88.9 毫米 x77.0 毫米）
排量：	351 立方英寸（5752 毫升）
最大动力：	540 马力，对应转速为 7250 转 / 分钟
最大转矩：	434 磅 · 英尺（588 牛 · 米），对应转速为 5250 转 / 分钟
气门驱动方式：	单侧缸体配备双顶置凸轮轴
气门数：	每缸四气门，两进两排
燃料供给装置：	博世 Motronic ME7 电子燃油喷射系统
点火系统：	每缸一个火花塞，Motronic ME7 电子点火
冷却方式：	水冷
润滑方式：	干式油底壳

传动系统	
驱动方式：	后轮驱动
离合器类型：	干式单片离合器
变速器：	F1 电控液压变速器 6 前速 + 倒档

底盘	
车身类型：	2+2 轿跑（Coupe）
车架：	铝制单体壳车架
前悬架：	带防倾杆的双叉臂螺旋弹簧悬架，筒式液压减振器
后悬架：	带防倾杆的双叉臂螺旋弹簧悬架，筒式液压减振器
转向：	齿轮齿条式转向器
前 / 后制动系统类型：	通风盘式制动系统
车轮：	前 18 英寸后 19 英寸合金轮圈，前 245/45 轮胎，后 285/40 轮胎

车辆尺寸和质量	
轴距：	116.1 英寸（2949 毫米）
前 / 后轮距：	66.5 英寸 /64.6 英寸（1689 毫米 /1641 毫米）
长：	193.0 英寸（4902 毫米）
宽：	77.0 英寸（1956 毫米）
高：	52.9 英寸（1343 毫米）
质量：	4123 磅（1870 千克）
油箱容积：	28.5 加仑（108 升）

性能数据	
最高车速：	199 英里 / 时（320 公里 / 时）
0 到 60 英里 / 时加速（0 到 100 公里 / 时加速）时间：	4.2 秒
质量功率比：	7.52 磅 / 马力（3.41 千克 / 马力）

法拉利 612 Scaglietti 2004

法拉利 P4/5 By Pininfarina

技术参数

发动机	
布局类型：	中置，纵向
气缸：	65° 夹角，V 型 12 气缸
缸径 × 行程：	3.62 英寸 x2.96 英寸（91.9 毫米 x75.2 毫米）
排量：	366 立方英寸（5998 毫升）
最大动力：	669 马力，对应转速为 7800 转 / 分钟
最大转矩：	485 磅 · 英尺（657 牛 · 米），对应转速为 5500 转 / 分钟
气门驱动方式：	单侧缸体配备双顶置凸轮轴
气门数：	每缸四气门，两进两排
燃料供给装置：	博世 Motronic ME7 电子燃油喷射系统
点火系统：	每缸一个火花塞，博世 Motronic ME7 电子点火
冷却方式：	水冷
润滑方式：	干式油底壳

传动系统	
驱动方式：	后轮驱动
离合器类型：	双片式离合器
变速器：	F1 电控液压变速器 6 前速 + 倒档

底盘	
车身类型：	双座跑车（Berlinetta）
车架：	碳纤维铝制复合材料单体壳车架
前悬架：	推杆的双叉臂螺旋弹簧悬架，筒式液压减振器
后悬架：	推杆的双叉臂螺旋弹簧悬架，筒式液压减振器
转向：	齿轮齿条式转向器
前 / 后制动系统类型：	碳陶瓷盘式制动系统
车轮：	前后轮都为 20 英寸轻合金轮圈，前 255/35 轮胎，后 335/30 轮胎

车辆尺寸和质量	
轴距：	104.3 英寸（2649 毫米）
前 / 后轮距：	66.5 英寸 /67.2 英寸（1689 毫米 /1707 毫米）
长：	182.3 英寸（4630 毫米）
宽：	80.4 英寸（2042 毫米）
高：	44.3 英寸（1125 毫米）
质量：	2646 磅（1205 千克）
油箱容积：	29 加仑（110 升）

性能数据	
最高车速：	225 英里 / 时（362 公里 / 时）
0 到 60 英里 / 时加速（0 到 100 公里 / 时加速）时间：	3.55 秒
质量功率比：	4.01 磅 / 马力（1.82 千克 / 马力）

升至517马力、469牛·米。Scuderia版比基础版F430要轻上220磅（100千克），且0到60英里/时（0到100公里/时）加速时间为3.6秒，最高车速超过320公里/时。这款车由法拉利F1赛车手迈克尔·舒马赫协助开发，尺寸上比F430低0.6英寸（15毫米），减振器和弹簧要更硬一些。Scuderia版车型使用的是碳陶瓷制动盘以及F1电子液压变速器的最新版本F1-Superfast 2变速器，它能够将换档时间从150毫秒缩减到60毫秒。空气动力效应进一步调整，改进了前进气口、侧门、集成在车尾的扰流板、车底护板和后扩散器。这些调整主要是为了增加下压力。F430 Scuderia在199英里/时（320公里/时）下可以提供661磅力（2942牛）的下压力。Scuderia在内饰方面简单而实用，与F430的差别在于碳纤维材质的车门面板和中央通道，用Alcantara材质取代了真皮（68%涤纶+32%聚氨基甲酸乙酯，类似于翻毛皮）。此外，F430 Scuderia还初次使用了碳纤维复合材料座椅。

GTB 599这款车的名字来源于一条赛道，也就是法拉利在马拉内罗工厂旁边的那条测试赛道：Fiorano。GTB在是在向Gran Turismo Berlinetta这辆传奇的跑车致敬。599则表示它所搭载的V12发动机排量（5999毫升）。这款车依旧是由宾尼法利纳公司主导设计，是575M Maranello的后继车型，标志着法拉利经典前置发动机跑车设计再次回归。动力单元从Enzo衍生而来，动力从629马力上涨到669马力。传动系统是从F1赛车上开发而来的电控液压6速变速器，换档时间在100毫秒内，比575M Maranello的250毫秒还要快。这款车型的主要创新在于使用了新式电磁悬架。在这个系统中减振器的压缩阻尼和伸缩作用都是通过瞬间改变减振器中的流体黏度来实现的。减振系统会根据驾驶模式程序选择来决定运作状态，通过电子控制的磁场变化而改变流体状态。与传统的液压阀门式减振系统相比，该系统在悬架反应时间方面掀起了一场真正的革命。之后法拉利以599 GTB作为基础车型，衍生出了很多高性能车型，比如HGTE、GTO、SA Aperta、XX Evolution和599 GTB HY-KERS混动概念车。

2004年，新车F430（360 Modena继承者）发布，一同亮相的还有电子差速器和转向盘旋钮控制系统。这个强大的转向盘旋钮控制系统可以从转向盘上控制车辆的牵引力、限滑差速器、变速器、ABS和悬架的工作状态。量产3年后，F430像当年的360 Challenge Stradale一样，推出了Challenge赛车版。F430搭载了一款32气门、263立方英寸（4310毫升）的V8发动机这款发动机原始动力数据为497马力、465牛·米，搭载在新车上重新调校后，数据提

法拉利 430 Scuderia 2007

法拉利 599 GTB Fiorano

技术参数

发动机	
布局类型：	中置，纵向
气缸：	180° 夹角，V 型 8 气缸
缸径 × 行程：	3.62 英寸 x2.96 英寸（91.9 毫米 x75.2 毫米）
排量：	366 立方英寸（5998 毫升）
最大动力：	620 马力，对应转速为 7600 转 / 分钟
最大转矩：	448 磅 · 英尺（608 牛 · 米），对应转速为 5600 转 / 分钟
气门驱动方式：	单侧缸体配备双顶置凸轮轴
气门数：	每缸四气门，两进两排
燃料供给装置：	博世 Motronic ME7 电子燃油喷射系统
点火系统：	每缸一个火花塞，博世 Motronic ME7 电子点火
冷却方式：	水冷
润滑方式：	干式油底壳

传动系统	
驱动方式：	后轮驱动
离合器类型：	双片式离合器
变速器：	F1 电控液压变速器 6 前速 + 倒档，手动变速器 6 前速 + 倒档

底盘	
车身类型：	双座跑车（Berlinetta）
车架：	铝制架构车架
前悬架：	带防倾杆的双叉臂螺旋弹簧悬架，筒式液压减振器
后悬架：	带防倾杆的双叉臂螺旋弹簧悬架，筒式液压减振器
转向：	齿轮齿条式转向器
前 / 后制动系统类型：	碳陶瓷盘式制动系统
车轮：	前 19 英寸后 20 英寸合金轮圈，前 245/40 轮胎，后 305/35 轮胎

车辆尺寸和质量	
轴距：	108.3 英寸（2751 毫米）
前 / 后轮距：	66.5 英寸 /63.7 英寸（1689 毫米 /1618 毫米）
长：	183.7 英寸（4666 毫米）
宽：	77.2 英寸（1961 毫米）
高：	52.6 英寸（1336 毫米）
质量：	3483 磅（1580 千克）
油箱容积：	28 加仑（106 升）

性能数据	
最高车速：	超过 330 公里 / 时（531 公里 / 时）
0 到 60 英里 / 时加速（0 到 100 公里 / 时加速）时间：	3.7 秒
质量功率比：	5.62 磅 / 马力（2.55 千克 / 马力）

法拉利 599 GTB Fiorano 2007

法拉利 430 Scuderia

技术参数

发动机

布局类型：	中置，纵向
气缸：	90° 夹角，V 型 8 气缸
缸径 × 行程：	3.62 英寸 x3.19 英寸（91.9 毫米 x81.0 毫米）
排量：	263 立方英寸（4310 毫升）
最大动力：	516 马力，对应转速为 8500 转 / 分钟
最大转矩：	346 磅 · 英尺（469 牛 · 米），对应转速为 5250 转 / 分钟
气门驱动方式：	单侧缸体配备双顶置凸轮轴
气门数：	每缸四气门，两进两排
燃料供给装置：	博世 Motronic ME7 电子燃油喷射系统
点火系统：	每缸一个火花塞，博世 Motronic ME7 电子点火
冷却方式：	水冷
润滑方式：	干式油底壳

传动系统

驱动方式：	后轮驱动
离合器类型：	双片式离合器
变速器：	F1 电控液压变速器 6 前速 + 倒档

底盘

车身类型：	双座跑车（Berlinetta）
车架：	铝制结构车架
前悬架：	带防倾杆的双叉臂螺旋弹簧悬架，筒式液压减振器
后悬架：	带防倾杆的双叉臂螺旋弹簧悬架，筒式液压减振器
转向：	齿轮齿条式转向器
前 / 后制动系统类型：	碳陶瓷盘式制动系统
车轮：	前后轮都为 19 英寸轻合金轮圈，前 235/35 轮胎，后 285/35 轮胎

车辆尺寸和质量

轴距：	102.4 英寸（2601 毫米）
前 / 后轮距：	65.7 英寸 /63.6 英寸（1669 毫米 /1615 毫米）
长：	177.6 英寸（4511 毫米）
宽：	75.7 英寸（1923 毫米）
高：	47.2 英寸（1199 毫米）
质量：	2756 磅（1250 千克）
油箱容积：	25 加仑（95 升）

性能数据

最高车速：	199 英里 / 时（320 公里 / 时）
0 到 60 英里 / 时加速（0 到 100 公里 / 时加速）时间：	3.6 秒
质量功率比：	5.40 磅 / 马力（2.45 千克 / 马力）

458的前照灯采用竖直堆叠状的设计，车尾有集成在车体上的扰流翼，三根排气管集中在中部，驾驶舱也进行了彻底的更新，所有的驾驶控制都集成在转向盘上，包括使用转向盘后面的大型拨片控制7速双离合变速器（安装在电子差速器总成中）。458 Italia的外观设计还采用了主动式空气动力学套件，车头有两个可调的风翼，在高速状态下可以改变角度引导空气通向散热器的路径，从而增加下压力，在202英里/时（325公里/时）的状态下产生794磅力（360千克力）的下压力。458 Italia配备了与599 GTB相同的可变阻尼电磁悬架，通过磁场的变化来瞬间改变减振器中流体的状态，从而控制减振器的阻尼变化。

这款车是法拉利的首款敞篷轿跑（Coupe-Cabriolet），带有可以折叠的电动硬顶。它是第一款搭载前置V8发动机的法拉利。在法拉利的经典设计中，前置发动机只有搭载V12发动机的传统。这也是第一款用双离合变速器取代F1电控液压变速器的法拉利，第一款采用缸内直喷技术的法拉利……总之，这是一款与以前法拉利完全不同、标新立异的新车型，尤其在新技术的应用上更为突出。其中很多新技术将会成为法拉利的标准配置。这款车由宾尼法利纳公司主导

设计，它的电动铝制硬顶篷打开时间仅需14秒，可以折叠放置在驾驶舱后面一个独立空间中。它的大部分功能都与现在的法拉利共享，包括之前在F430上使用的转向盘控制旋钮系统。不过与F430和599 GTB上的5种模式不同，这款车上只有三个驾驶模式可选。这款车给人的第一印象，是可以长途驾驶的舒适性轿跑，而不是各项指标都比较极端的超跑，这点可以从它的重量上看出，它重3825磅（1735千克）。F1电控液压变速器被一款由德国厂商格特拉克生产的7速双离合变速器所取代，也安装在后驱动桥上。还有一个显著的特点，就是后悬架由原来的双叉臂改为多连杆式设计。第一次在599 GTB上搭载的可变阻尼电磁悬架，也可以在这款车上作为选装配置。自然吸气的V8发动机将会由一个动力更强劲的V8双涡轮增压发动机所取代。在本书完成时，法拉利还没有正式公布新发动机的具体数据。

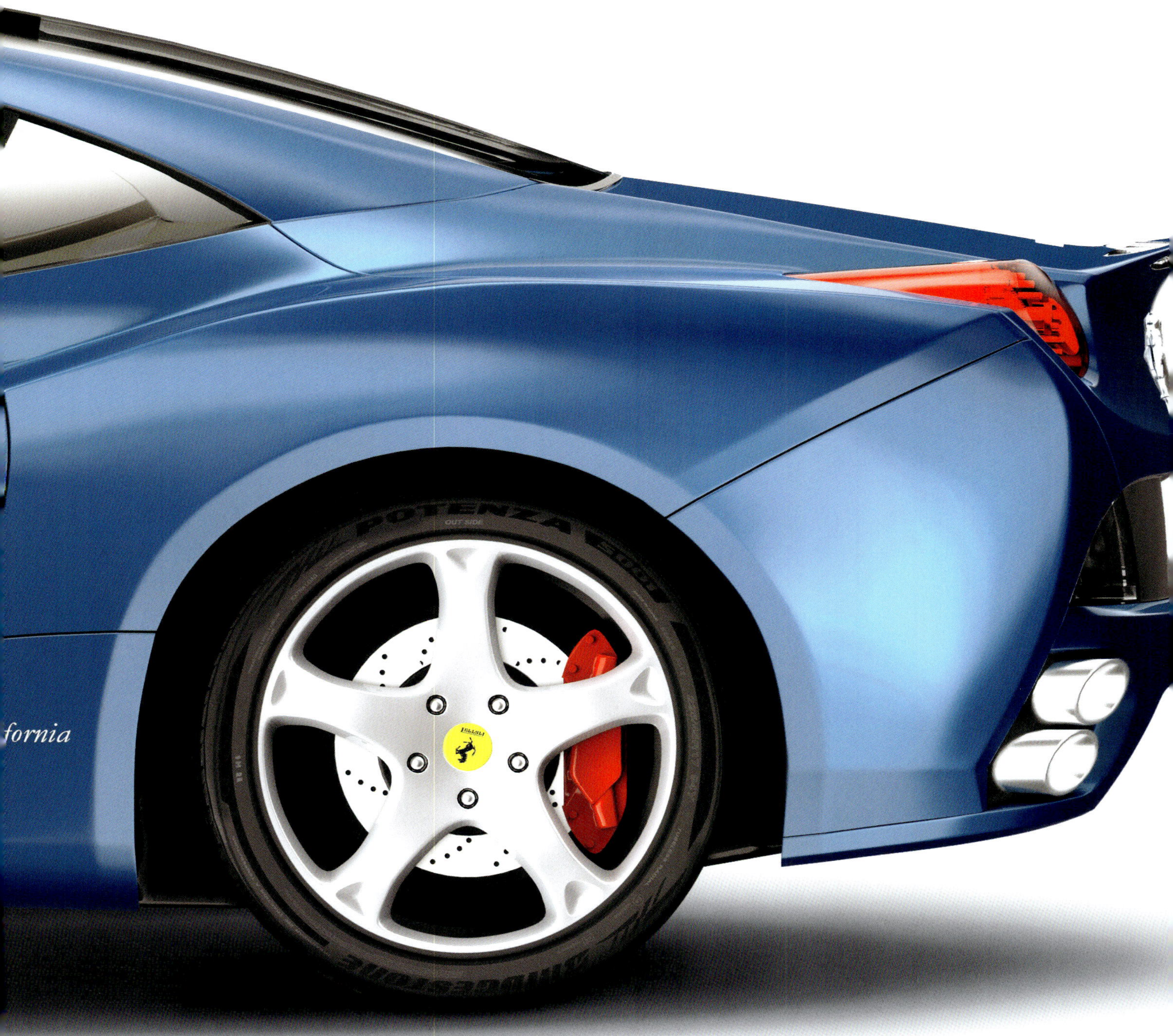

将F430各方面性能进行跨时代的升级是一个看似不可能完成的任务，但是最终法拉利做到了——法拉利458 Italia诞生了。458表示这款车的发动机排量为4.5升（275立方英寸）和8缸缸内直喷发动机。这款V8发动机采用曲柄间隔为180°的水平曲柄曲轴、干式油底壳和一些F1赛车上的技术，比如活塞裙部的石墨涂层、可变进气歧管。可变进气歧管能结合进排气凸轮轴、配气相位的改变而对汽车性能进行微调。这台V8发动机可以输出570马力功率，539牛·米转矩。这款车仍由宾尼法利纳公司主导设计，其设计风格打破了以前的种种传统，进行了彻头彻尾的革新，这意味着法拉利开始使用新的设计风格。

法拉利 458 Italia 2009

法拉利 California

技术参数

发动机	
布局类型：	前置，纵向
气缸：	90° 夹角，V 型 8 气缸
缸径 × 行程：	3.90 英寸 x3.05 英寸（99.1 毫米 x77.5 毫米）
排量：	262 立方英寸（4293 毫升）
最大动力：	460 马力，对应转速为 7750 转 / 分钟
最大转矩：	357 磅 · 英尺（484 牛 · 米），对应转速为 5000 转 / 分钟
气门驱动方式：	单侧缸体配备双顶置凸轮轴
气门数：	每缸四气门，两进两排
燃料供给装置：	缸内直喷系统
点火系统：	每缸一个火花塞，电子点火
冷却方式：	水冷
润滑方式：	干式油底壳

传动系统	
驱动方式：	后轮驱动
离合器类型：	双离合器
变速器：	双离合变速器 7 前速 + 倒档

底盘	
车身类型：	双座轿跑 /2+2 敞篷车（Coupe/2+2 Cabriolet）
车架：	铝制结构车架
前悬架：	带防倾杆的双叉臂螺旋弹簧悬架，筒式液压减振器
后悬架：	带防倾杆的双叉臂螺旋弹簧悬架，筒式液压减振器
转向：	齿轮齿条式转向器
前 / 后制动系统类型：	碳陶瓷盘式制动系统
车轮：	前后轮都为 19 英寸轻合金轮圈，前 245/40 轮胎，后 285/40 轮胎

车辆尺寸和质量	
轴距：	105.1 英寸（2670 毫米）
前 / 后轮距：	64.2 英寸 /63.2 英寸（1631 毫米 /1605 毫米）
长：	179.6 英寸（4562 毫米）
宽：	74.9 英寸（1902 毫米）
高：	51.5 英寸（1308 毫米）
质量：	3825 磅（1735 千克）
油箱容积：	21 加仑（79 升）

性能数据	
最高车速：	193 英里 / 时（311 公里 / 时）
0 到 60 英里 / 时加速（0 到 100 公里 / 时加速）时间：	3.9 秒
质量功率比：	8.31 磅 / 马力（3.77 千克 / 马力）

法拉利 California 2008

法拉利 458 Italia

技术参数

发动机

布局类型：	中置，纵向
气缸：	90° 夹角，V 型 8 气缸
缸径 × 行程：	3.70 英寸 x3.19 英寸（94.0 毫米 x81.0 毫米）
排量：	275 立方英寸（4506 毫升）
最大动力：	570 马力，对应转速为 9000 转 / 分钟
最大转矩：	398 磅 · 英尺（539 牛 · 米），对应转速为 6000 转 / 分钟
气门驱动方式：	单侧缸体配备双顶置凸轮轴
气门数：	每缸四气门，两进两排
燃料供给装置：	缸内直喷系统
点火系统：	每缸一个火花塞，电子点火
冷却方式：	水冷
润滑方式：	干式油底壳

传动系统

驱动方式：	后轮驱动
离合器类型：	双离合器
变速器：	双离合变速器 7 前速 + 倒档

底盘

车身类型：	双座跑车（Berlinetta）
车架：	铝制结构车架
前悬架：	带防倾杆的双叉臂螺旋弹簧悬架，筒式液压减振器
后悬架：	带防倾杆的双叉臂螺旋弹簧悬架，筒式液压减振器
转向：	齿轮齿条式转向器
前 / 后制动系统类型：	碳陶瓷盘式制动系统
车轮：	前后轮都为 20 英寸轻合金轮圈，前 235/35 轮胎，后 295/35 轮胎

车辆尺寸和质量

轴距：	104.3 英寸（2649 毫米）
前 / 后轮距：	65.8 英寸 /63.2 英寸（1671 毫米 /1605 毫米）
长：	178.2 英寸（4526 毫米）
宽：	76.3 英寸（1938 毫米）
高：	47.8 英寸（1214 毫米）
质量：	3042 磅（1380 千克）
油箱容积：	23 加仑（87 升）

性能数据

最高车速：	202 英里 / 时（325 公里 / 时）
0 到 60 英里 / 时加速（0 到 100 公里 / 时加速）时间：	3.4 秒
质量功率比：	5.34 磅 / 马力（2.42 千克 / 马力）

传递前轮的动力。只有在必要时，动力从发动机直接传递给前轮。这样的设计可以让前后动力传动系统相对独立，从而可以进行单独的后驱行驶。而多片式离合器不仅可以选择是否给前后轴输出动力、分配转矩，还可以模拟机械差速器的工作。另外，这款车还有其他创新之处，比如382立方英寸（6260毫升）的V12发动机采用缸内直喷技术，并且压缩比非常高，达到12.3:1，动力输出达到669马力。后轮的传动系统是一款7速双离合变速器。这款意为“Ferrari Four”的FF，也搭载了电磁阻尼可调悬架和第三代碳陶瓷制动系统，它标志着法拉利新的战略。此外，FF也是法拉利第一款掀背车型。

P540是一款基于法拉利599 GTB Fiorano，由马拉内罗的（Progetti Speciali）特殊项目部门来主导制作的特别版车型，被称为黄金法拉利。这款车全车采用金色涂装，由有线电视发明者约翰·沃尔森的儿子爱德华·沃尔森委托制作。他是从1968年费德里柯·费里尼导演的《勾魂摄魄》这部爱伦·坡的三个爱情故事之一《该死的托比》中受到的启发。在电影中，演员特伦斯驾驶着一辆由意大利Fantuzz公司制作的1963年款金色法拉利330 LMB。P540 SuperFast Aperta由宾尼法利纳公司设计制作，遵循了它前代车型的设计思路，不过放弃了Berlinetta跑车车身，取而代之的是敞篷

跑车车身设计，并取名为Aperta（敞篷）。为了实现这种车身设计，必须对原来599 GTB的车身结构进行补强，以保持原有的扭转刚性。增加刚性后车身重量有所增加，但是只增长了40磅（18千克），这是因为大量使用了碳纤维材料。除了颜色是效仿电影中的330 LMB以外，SuperFast Aperta还采用了与330 LMB相似的轮拱通风口、水平稳定杆、车头发动机舱盖和截断式车尾。而机械部分与599 GTB保持一致，这意味着它也采用629马力的366立方英寸（6升）V12发动机、6速F1电控液压变速器、电磁阻尼可变减振系统和前后双A臂悬架。

这是法拉利的4座4轮驱动车型，对于法拉利来说可算是一场革命。FF准确来说是612 的Scaglietti后继车型，它告别了2+2式座舱设计，成为一个可以容纳4个成年人的四座车型设计，而且不牺牲任何舒适性。FF是法拉利第一款四轮驱动的车型。为了提升驾驶乐趣，这款车使用了一种全新的变速系统——它使用两个湿式多片离合器来

法拉利 FF
2011

法拉利 P540 SuperFast Aperta

技术参数

发动机

布局类型：	前置，纵向
气缸：	65° 夹角，V 型 12 气缸
缸径 × 行程：	3.62 英寸 x2.96 英寸（91.9 毫米 x75.2 毫米）
排量：	366 立方英寸（5998 毫升）
最大动力：	620 马力，对应转速为 7600 转 / 分钟
最大转矩：	448 磅 · 英尺（608 牛 · 米），对应转速为 5600 转 / 分钟
气门驱动方式：	单侧缸体配备双顶置凸轮轴
气门数：	每缸四气门，两进两排
燃料供给装置：	博世 Motronic ME7 电子燃油喷系统
点火系统：	每缸一个火花塞，博世 Motronic ME7 电子点火
冷却方式：	水冷
润滑方式：	干式油底壳

传动系统

驱动方式：	后轮驱动
离合器类型：	双片式离合器
变速器：	F1 电控液压变速器 6 前速 + 倒档

底盘

车身类型：	双座敞篷跑车（Spider）
车架：	铝制结构车架
前悬架：	带防倾杆的双叉臂螺旋弹簧悬架，筒式液压减振器
后悬架：	带防倾杆的双叉臂螺旋弹簧悬架，筒式液压减振器

转向：	齿轮齿条式转向器
前 / 后制动系统类型：	碳陶瓷盘式制动系统
车轮：	前后轮都为 20 英寸轻合金轮圈，前 245/35 轮胎，后 305/35 轮胎

车辆尺寸和质量

轴距：	108.3 英寸（2,751 毫米）
前 / 后轮距：	66.5 英寸 /63.8 英寸（1689 毫米 /1621 毫米）
长：	186.3 英寸（4732 毫米）
宽：	76.9 英寸（1953 毫米）
高：	51.2 英寸（1300 毫米）
质量：	3527 磅（1600 千克）
油箱容积：	28 加仑（106 升）

性能数据

最高车速：	—
0 到 60 英里 / 时加速（0 到 100 公里 / 时加速）时间：	—
质量功率比：	5.69 磅 / 马力（2.58 千克 / 马力）

法拉利 P540 SuperFast Aperta 2009

法拉利 FF

技术参数

发动机	
布局类型：	前置，纵向
气缸：	65° 夹角，V 型 12 气缸
缸径 × 行程：	3.70 英寸 x2.96 英寸（94.0 毫米 x75.2 毫米）
排量：	382 立方英寸（6260 毫升）
最大动力：	660 马力，对应转速为 8000 转 / 分钟
最大转矩：	504 磅 · 英尺（683 牛 · 米），对应转速为 6000 转 / 分钟
气门驱动方式：	单侧缸体配备双顶置凸轮轴
气门数：	每缸四气门，两进两排
燃料供给装置：	缸内直喷系统
点火系统：	每缸一个火花塞，电子点火
冷却方式：	水冷
润滑方式：	干式油底壳

传动系统	
驱动方式：	后轮驱动
离合器类型：	双离合器
变速器：	双离合变速器 7 前速 + 倒档

底盘	
车身类型：	四座轿跑（Coupe）
车架：	铝制结构车架

前悬架：	带防倾杆的双叉臂螺旋弹簧悬架，筒式液压减振器
后悬架：	带防倾杆的双叉臂螺旋弹簧悬架，筒式液压减振器
转向：	齿轮齿条式转向器
前 / 后制动系统类型：	碳陶瓷盘式制动系统
车轮：	前后轮都为 20 英寸轻合金轮圈，前 245/35 轮胎，后 295/35 轮胎

车辆尺寸和质量	
轴距：	117.7 英寸（2990 毫米）
前 / 后轮距：	66.0 英寸 /65.4 英寸（1676 毫米 /1661 毫米）
长：	193.2 英寸（4907 毫米）
宽：	76.9 英寸（1953 毫米）
高：	54.3 英寸（1379 毫米）
质量：	3946 磅（1790 千克）
油箱容积：	24 加仑（91 升）

性能数据	
最高车速：	208 英里 / 时（335 公里 / 时）
0 到 60 英里 / 时加速（0 到 100 公里 / 时加速）时间：	3.7 秒
质量功率比：	5.97 磅 / 马力（2.71 千克 / 马力）

可以产生970磅力（4315牛）下压力。366立方英寸（5998毫升）的V12发动机没有配备会使发动机有排气不顺的催化器和消声器，取而代之的是一个侧置的赛车用排气管。与前代车型的629马力、448磅·英尺（608牛·米）数据相比，它能够输出760马力功率和516磅·英尺(700牛·米)的转矩。发动机转速可以爬升到高达9000转/分钟的极限区域，质量功率马力比达到令人惊讶的3.85磅/马力(1.75千克/马力)。通过轻量化处理，能比599 XX轻77磅（35千克），电磁阻尼可调悬架比之前也有所改进。轮胎采用了光头胎。

P ZERO

英国蓝调吉他手、音乐家埃里克·帕特里克·克莱普顿（曾获格莱美奖，是20世纪最成功的音乐家之一）对1976年的512 BB Berlinetta非常喜爱，法拉利为他定制打造了一款特殊版本的458 Italia。这一次的设计由马拉内罗法拉利定制中心（Style Center）和宾尼法利纳公司联合设计完成。这款车的外观特点在于车身下部采用黑色涂装，车头车尾全部重新设计，其灵感来自于512BB。它的造型与1976年版的512 BB相似，包括前镀铬格栅、后尾灯格栅等，不过位于发动机舱盖下的发动机则完全不同。SP12 EC的动力系统与法拉利458相同，中置275立方英寸（4.5升）V8发动机，而512 BB则是采用一台302立方英寸（4949毫升）的180° V12发动机。这位英国音乐家想消除这些差异，他希望法拉利能够将老款的V12发动机放入2009年的Berlinetta铝制车架当中去，但法拉利的设计令他失望了，理由是没有空间来安放这么大的发动机。为了安慰这位音乐家，这款车装上了个性化定制的车牌，上面有车型名字和埃里克（Eric Patrick Clapton）名字的缩写EPC。这款车卖多少钱？有传言说超过300万欧元。当然这款车的技术资料也属于机密，从未公开过。

这是一款不允许在公路上行驶的车辆，它专为比赛而生。XX Evoluzione是2009款599 XX的后继车型，如同它的前任车型一样，它也是一款测试版，应用新的技术。当该新技术通过测试，即被用到其他量产的公路车系中。这款车只允许极少数的客户在特定的地方驾驶，但是要受法拉利私人赛道基础项目的限制，另外法拉利会提供一个官方维护团队进行技术支持。这款车有主动性非常强的空气动力学套件，包括一个电子控制的后风翼。翼面的角度可以根据赛道的需要进行相应的调整。车上还装备有技术来源于F1的碳纤维扩散器和一个大型复合材质的气流分离器。车速为200公里/时时，在翼面打开的情况下，空气动力套件可以提供728磅力的下压力（3238牛）；翼面关闭时，则

法拉利 599XX Evoluzione 2012

法拉利 SP12 EC

技术参数

发动机

布局类型：	中置，纵向
气缸：	90° 夹角，V 型 8 气缸
缸径 × 行程：	3.70 英寸 x3.19 英寸（94.0 毫米 x81.0 毫米）
排量：	275 立方英寸（4506 毫升）
最大动力：	—
最大转矩：	—
气门驱动方式：	单侧缸体配备双顶置凸轮轴
气门数：	每缸四气门，两进两排
燃料供给装置：	缸内直喷系统
点火系统：	每缸一个火花塞，电子点火
冷却方式：	水冷
润滑方式：	干式油底壳

传动系统

驱动方式：	后轮驱动
离合器类型：	双离合器
变速器：	双离合变速器 7 前速 + 倒档

底盘

车身类型：	双座跑车（Berlinetta）
车架：	铝制结构车架
前悬架：	带防倾杆的双叉臂螺旋弹簧悬架，筒式液压减振器
后悬架：	带防倾杆的双叉臂螺旋弹簧悬架，筒式液压减振器
转向：	齿轮齿条式转向器
前 / 后制动系统类型：	碳陶瓷盘式制动系统
车轮：	前后轮都为 20 英寸轻合金轮圈，前 235/35 轮胎，后 295/35 轮胎

车辆尺寸和质量

轴距：	104.3 英寸（2649 毫米）
前 / 后轮距：	—
长：	—
宽：	—
高：	—
质量：	—
油箱容积：	23 加仑（87 升）

性能数据

最高车速：	—
0 到 60 英里 / 时加速（0 到 100 公里 / 时加速）时间：	3.4 秒
质量功率比：	—

法拉利 SP12 EC
2012

法拉利 599XX Evoluzione

技术参数

发动机	
布局类型：	前置，纵向
气缸：	65° 夹角，V 型 12 气缸
缸径 × 行程：	3.62 英寸 x2.96 英寸（91.9 毫米 x75.2 毫米）
排量：	366 立方英寸（5998 毫升）
最大动力：	750 马力，对应转速为 9000 转 / 分钟
最大转矩：	—
气门驱动方式：	单侧缸体配备双顶置凸轮轴
气门数：	每缸四气门，两进两排
燃料供给装置：	博世 Motronic ME7 电子燃油喷系统
点火系统：	每缸一个火花塞，博世 Motronic ME7 电子点火
冷却方式：	水冷
润滑方式：	干式油底壳

传动系统	
驱动方式：	后轮驱动
离合器类型：	双片式离合器
变速器：	F1 电控液压变速器 6 前速 + 倒档

底盘	
车身类型：	双座敞篷跑车（Spider）
车架：	铝制结构车架
前悬架：	带防倾杆的双叉臂螺旋弹簧悬架，筒式液压减振器
后悬架：	带防倾杆的双叉臂螺旋弹簧悬架，筒式液压减振器
转向：	齿轮齿条式转向器
前 / 后制动系统类型：	碳陶瓷盘式制动系统
车轮：	前后轮都为 19 英寸镁合金轮圈，前 29/67 轮胎，后 31/71 轮胎

车辆尺寸和质量	
轴距：	108.3 英寸（2751 毫米）
前 / 后轮距：	—
长：	188.5 英寸（4788 毫米）
宽：	77.6 英寸（1971 毫米）
高：	50.5 英寸（1283 毫米）
质量：	2888 磅（1310 千克）
油箱容积：	—

性能数据	
最高车速：	超过 208 英里 / 时（335 公里 / 时）
0 到 60 英里 / 时加速（0 到 100 公里 / 时加速）时间：	—
质量功率比：	3.85 磅 / 马力（1.75 千克 / 马力）

双侧可变正时系统等技术，使Speciale的最大动力输出达到613马力，转矩达到399磅·英尺(540牛·米)，相比458所用的578马力、398磅·英尺(539牛·米)的基础版发动机提升了不少。这款车进行了轻量化处理，比458 Italia轻198磅（90千克）。轻量化使458 Speciale可以在3秒的时间里完成0 到60英里/时 (0到100 公里/时)的加速，比458 Italia还要快0.4秒。Speciale在空气动力效应上也有进一步的提升，可移动的风翼能够平衡车身前后的下压力与阻力。车辆的电控系统大大提高了车辆操控性。458 Speciale的技术特点，使它拥有法拉利有史以来最高的横向加速度：1.33g。

F12是法拉利公路版车型中有史以来动力最强劲的一款，也是法拉利目前搭载前置V12发动机的运动型跑车中最好的一款。它的出现，代表跃马品牌又一经典之作的诞生。这款车的发动机为V12发动机，与法拉利FF相同，排量为6260毫升，采用缸内直喷技术，压缩比高达13.5：1。全新的ECU控制程序可以实现多火花点火功能，点火时会有三个不同强度和持续时间的火花，进而优化燃烧。这台发动机可以输出750马力，转矩可以达到509磅·英尺（690牛·米）。这款车比它所取代的599 GTB更流畅、更紧凑，并且要轻121磅（55千克）。F12拥有超低重心，这得益于发动机安装位置比

前代车型要低1.2英寸（30毫米）。F12的造型设计是Centro Stile法拉利造型中心与宾尼法利纳公司合作的产物，它拥有和法拉利FF一样的电磁阻尼可调悬架，并且共享第三代碳陶瓷制动系统。此外，它还有点小创新，在车前方使用了全新的动态冷却系统。传动系统是一款7速双离合变速器和E-Diff电子差速装置。这款性能优异的车型从0到60英里/时（100公里/时）的加速时间只需要3.1秒，0到125英里/时（0到201公里/时）的加速时间为8.5秒，最高车速为211英里/时（340公里/时）。这款车的前盖采用了独特设计，首次实现了具有增加下压力的效果，比599 GTB增加了76%的下压力。

特殊的名字，特殊的性能，这款Speciale是从458 Italia进化而来，它拥有如同天文数字一般的性能数据，以激发驾驶人更极致的驾驶情绪。动力输出：2.24马力/立方英寸（137马力/升）的升功率成为有史以来公路版法拉利中自然吸气发动机输出功率的最高点。这款车装备了很多创新性设计，这些设计将会成为法拉利的标准配置。动力单元来自马拉内罗经典的32气门90° V8发动机，与装在法拉利458 Italia上的一样。这款发动机采用平坦的曲轴拐角设计，干式油底壳润滑，排量为275立方英寸（4.5升），其中大量的技术功能都继承自竞技用发动机。法拉利的竞技科技、缸内直喷技术与进排气

法拉利 458 Speciale 2013

法拉利 F12 Berlinetta

技术参数

发动机

布局类型：	前置，纵向
气缸：	65° 夹角，V 型 12 气缸
缸径 × 行程：	3.70 英寸 x2.96 英寸（94.0 毫米 x75.2 毫米）
排量：	382 立方英寸（6260 毫升）
最大动力：	740 马力，对应转速为 8250 转 / 分钟
最大转矩：	509 磅 · 英尺（690 牛 · 米），对应转速为 6000 转 / 分钟
气门驱动方式：	单侧缸体配备双顶置凸轮轴
气门数：	每缸四气门，两进两排
燃料供给装置：	缸内直喷系统
点火系统：	每缸一个火花塞，电子点火
冷却方式：	水冷
润滑方式：	干式油底壳

传动系统

驱动方式：	后轮驱动
离合器类型：	双离合器
变速器：	双离合变速器 7 前速 + 倒档

底盘

车身类型：	双座跑车（Berlinetta）
车架：	铝制结构车架
前悬架：	带防倾杆的双叉臂螺旋弹簧悬架，筒式液压减振器
后悬架：	带防倾杆的双叉臂螺旋弹簧悬架，筒式液压减振器
转向：	齿轮齿条式转向器
前 / 后制动系统类型：	碳陶瓷盘式制动系统
车轮：	前后轮都为 20 英寸轻合金轮圈，前 255/35 轮胎，后 315/35 轮胎

车辆尺寸和质量

轴距：	107.1 英寸（2720 毫米）
前 / 后轮距：	65.6 英寸 /63.7 英寸（1666 毫米 /1618 毫米）
长：	181.8 英寸（4618 毫米）
宽：	76.5 英寸（1943 毫米）
高：	50.1 英寸（1273 毫米）
质量：	3362 磅（1525 千克）
油箱容积：	24 加仑（91 升）

性能数据

最高车速：	超过 211 英里 / 时（340 公里 / 时）
0 到 60 英里 / 时加速（0 到 100 公里 / 时加速）时间：	3.1 秒
质量功率比：	4.54 磅 / 马力（2.06 千克 / 马力）

法拉利 F12 Berlinetta 2012

法拉利 458 Speciale

技术参数

发动机

布局类型：	中置，纵向
气缸：	90° 夹角，V 型 8 气缸
缸径 × 行程：	3.70 英寸 x3.19 英寸（94.0 毫米 x81.0 毫米）
排量：	275 立方英寸（4506 毫升）
最大动力：	605 马力，对应转速为 9000 转 / 分钟
最大转矩：	399 磅 · 英尺（540 牛 · 米），对应转速为 6000 转 / 分钟
气门驱动方式：	单侧缸体配备双顶置凸轮轴
气门数：	每缸四气门，两进两排
燃料供给装置：	缸内直喷系统
点火系统：	每缸一个火花塞，电子点火
冷却方式：	水冷
润滑方式：	干式油底壳

传动系统

驱动方式：	后轮驱动
离合器类型：	双离合器
变速器：	双离合变速器 7 前速 + 倒档

底盘

车身类型：	双座跑车（Berlinetta）
车架：	铝制结构车架
前悬架：	带防倾杆的双叉臂螺旋弹簧悬架，筒式液压减振器
后悬架：	带防倾杆的双叉臂螺旋弹簧悬架，筒式液压减振器
转向：	齿轮齿条式转向器
前 / 后制动系统类型：	碳陶瓷盘式制动系统
车轮：	前后轮都为 20 英寸轻合金轮圈，前 245/35 轮胎，后 305/30 轮胎

车辆尺寸和质量

轴距：	104.3 英寸（2649 毫米）
前 / 后轮距：	66.1 英寸 /64.3 英寸（1679 毫米 /1633 毫米）
长：	180.0 英寸（4572 毫米）
宽：	76.8 英寸（1951 毫米）
高：	47.4 英寸（1204 毫米）
质量：	2844 磅（1290 千克）
油箱容积：	23 加仑（87 升）

性能数据

最高车速：	超过 202 英里 / 时（325 公里 / 时）
0 到 60 英里 / 时加速（0 到 100 公里 / 时加速）时间：	3.0 秒
质量功率比：	4.70 磅 / 马力（2.13 千克 / 马力）

其车重控制在2767磅（1255千克）以内，以及电控7速双离合变速器等新技术。电池重量132磅（60千克），被集成到碳纤维单体壳中，依靠再生制动以及无负载时发动机运转来充电。车辆重心比Enzo低1.4英寸（36毫米），偏平的车底是来自F1衍生的技术点之一，主动式空气动力套件如车头扰流板、后尾翼、车身开口风道都可以根据车速自适应改变下压力。在目前所有量产车型中，这是最接近F1赛车的一款车。

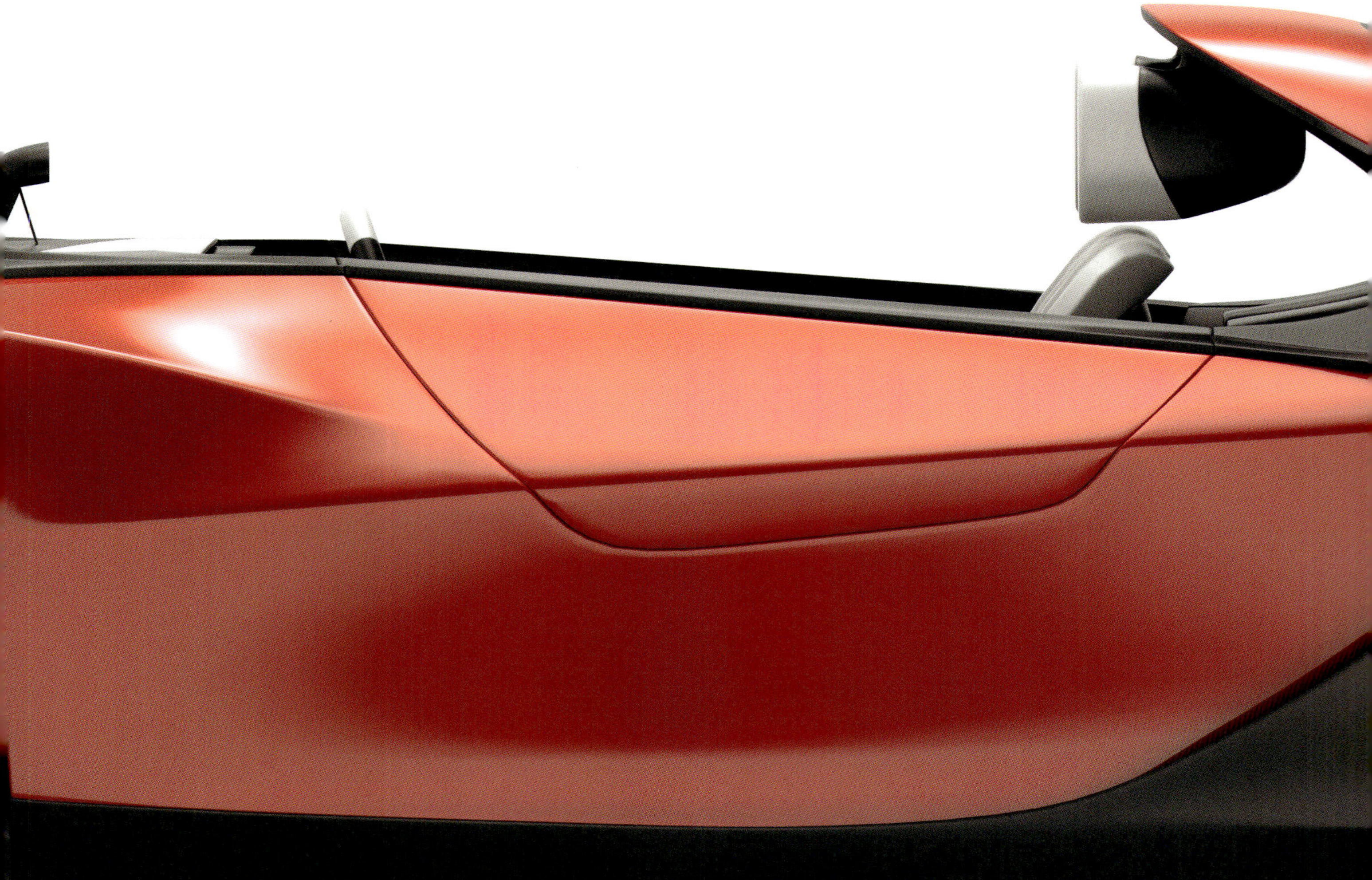

这款车车名中的Sergio是指塞尔吉奥·宾尼法利纳（Sergio Pininfarina）。他领导宾尼法利纳公司长达40年之久，创造发展出许多法拉利传奇设计。Sergio概念车是在2013年的日内瓦车展上发布的，一款双座跑车，纪念已故的意大利终身议员塞尔吉奥·宾尼法利纳。这款车基于法拉利458 Spider进行重新设计，重现了一些20世纪六七十年代马拉内罗敞篷跑车的造型元素。然而这是一款概念车，取消了原来可伸缩式硬顶设计，改用开放式的车顶，并且给乘客和驾驶人一人一个头盔来做防护。对于一款跑车来说，保护措施是非常必要的。该车没有风窗玻璃，因此用一个导风板来代替它引导气流向上方流过。防滚架保护座舱的同时，形成一个翼状的轮廓，在空气动力效应上再增加一些额外的下压力。在车身设计上，Sergio使用了很多激进的方式减重，使重量从458 Spider的3153磅（1430千克）降到了现在的2822磅（1280千克）。减轻了331磅（150千克）的重量再结合性能强大的V8发动机，使这款车的0到60英里/时（0到100公里/时）的加速时间仅为3.4秒，比458 Spider的3.5秒快0.1秒。这款车的发动机是一台275立方英寸（4.5升）的V8发动机，带有缸内直喷、可变气门正时技术，搭配一台7速双离合变速器，动力输出高达578马力。这款概念车与458 Spider的最高车速一样，能达到199英里/时（320公里/时）。

这款车的前身是F40、F50和Enzo，它仅生产了499辆。Laferrai是第一款配有跃马徽章的混合动力量产车。没有任何一台马拉内罗的跑车有这么极端，它搭载了来自F1赛车中使用的HY-KERS动能回收系统。来自F12 Berlinetta上的那台382立方英寸（6260毫升）V12发动机在HY-KERS系统的帮助下，动力提升至811马力，转速上升至9250转/分钟。当它与一台165马力的电动机结合后，可以提供更为强大的输出参数（976马力和900牛·米），从0到60英里/时（0至100公里/时）的加速时间小于3秒，极速超过217英里/时（349公里/时）。能实现这种高性能得益于

法拉利 Laferrari 2013

法拉利 Sergio Pininfarina

技术参数

发动机

布局类型：	中置，纵向
气缸：	90° 夹角，V 型 8 气缸
缸径 × 行程：	3.70 英寸 x3.19 英寸（94.0 毫米 x81.0 毫米）
排量：	275 立方英寸（4506 毫升）
最大动力：	570 马力，对应转速为 9000 转 / 分钟
最大转矩：	398 磅 · 英尺（539 牛 · 米），对应转速为 6000 转 / 分钟
气门驱动方式：	单侧缸体配备双顶置凸轮轴
气门数：	每缸四气门，两进两排
燃料供给装置：	缸内直喷系统
点火系统：	每缸一个火花塞，电子点火
冷却方式：	水冷
润滑方式：	干式油底壳

传动系统

驱动方式：	后轮驱动
离合器类型：	双离合器
变速器：	双离合变速器 7 前速 + 倒档

底盘

车身类型：	双座无顶跑车（Barchetta）
车架：	铝制结构车架
前悬架：	带防倾杆的双叉臂螺旋弹簧悬架，筒式液压减振器
后悬架：	带防倾杆的双叉臂螺旋弹簧悬架，筒式液压减振器
转向：	齿轮齿条式转向器
前 / 后制动系统类型：	碳陶瓷盘式制动系统
车轮：	前后轮都为 20 英寸轻合金轮圈，前 235/35 轮胎，后 295/35 轮胎

车辆尺寸和质量

轴距：	104.3 英寸（2649 毫米）
前 / 后轮距：	—
长：	179.1 英寸（4549 毫米）
宽：	76.4 英寸（1941 毫米）
高：	44.9 英寸（1140 毫米）
质量：	2822 磅（1280 千克）
油箱容积：	23 加仑（86 升）

性能数据

最高车速：	199 英里 / 时（320 公里 / 时）
0 到 60 英里 / 时加速（0 到 100 公里 / 时加速）时间：	3.4 秒
质量功率比：	4.96 磅 / 马力（2.25 千克 / 马力）

法拉利 Sergio Pininfarina 2013

法拉利 Laferrari

技术参数

发动机	
布局类型：	中置，纵向
气缸：	65° 夹角，V 型 12 气缸
缸径 × 行程：	3.70 英寸 x2.96 英寸（94.0 毫米 x75.2 毫米）
排量：	382 立方英寸（6260 毫升）
最大动力：	963 马力（混合动力）
最大转矩：	664 磅 · 英尺（900 牛 · 米）（混合动力）
气门驱动方式：	单侧缸体配备双顶置凸轮轴
气门数：	每缸四气门，两进两排
燃料供给装置：	缸内直喷系统
点火系统：	每缸一个火花塞，电子点火
冷却方式：	水冷
润滑方式：	干式油底壳

传动系统	
驱动方式：	后轮驱动
离合器类型：	双离合器
变速器：	双离合变速器 7 前速 + 倒档

底盘	
车身类型：	双座跑车（Berlinetta）
车架：	碳纤维单体壳车架
前悬架：	带防倾杆的双叉臂螺旋弹簧悬架，筒式液压减振器
后悬架：	带防倾杆的双叉臂螺旋弹簧悬架，筒式液压减振器
转向：	齿轮齿条式转向器
前 / 后制动系统类型：	碳陶瓷盘式制动系统
车轮：	前 19 英寸后 20 英寸合金轮圈，前 265/30 轮胎，后 345/30 轮胎

车辆尺寸和质量	
轴距：	104.3 英寸（2649 毫米）
前 / 后轮距：	—
长：	185.1 英寸（4702 毫米）
宽：	78.4 英寸（1991 毫米）
高：	43.4 英寸（1102 毫米）
质量：	2767 磅（1255 千克）（初始设定）
油箱容积：	—

性能数据	
最高车速：	超过 217 英里 / 时（349 公里 / 时）
0 到 60 英里 / 时加速（0 到 100 公里 / 时加速）时间：	小于 3.0 秒
质量功率比：	2.87 磅 / 马力（1.30 千克 / 马力）（初始设定）

本书照片版权所有者

3 Evening Standard/Stringer/Getty Images

4-5 Bettman/Corbis

6-7 Giancarlo Reggiani

8-9 Klemantaski Collectio/ Getty Images

10 Car Culuture/Corbis

11 Klemantaski Collectio/ Getty Images

12 Thomas D.McAvoy/The LIFE Picture Collection/ Getty Images

13 top Ronald Startup/Picture Post/Getty Images

13 bottom GPL-Geoff Goddard/GP Library Ltd/Agefotostock

14 Ron Kimball/KimballStock

15 Archivi Alinari-archivio Villani,Firenze

16-17 Archivi Alinari-archivio Villani,Firenze

19 Klemantaski Col lectio/Getty Images

20-21 bottom K. Petersen / Alamy

20-21 Archivi Alipari-archivio Villani, Firenze

22 Marc DEVILLE/Gamma-Rapho/Getty Images

23 Ted Soqui/Corbis

24-25 Klemantaski Col lectio/Getty Images

26-27 Rainer Schlegelmilch/Getty Images

27 top Rainer Schlegelmilch/Getty Images

28 RCS / Gestione Archivi Alinari, Firenze

28-29 Rainer Schlegelmilch/Getty Images

30 Phipps/Sutton Images/Corbis

31 top Phipps/Sutton Images/Corbis

31 bottom Phipps/Sutton Images/Corbis

32-33 Rainer Schlegelmilch/Getty Images

34 top Pascal Rondeau/Getty Images Sport/Getty Images

34 bottom Hock Zwei/Corbis

35 top Sutton Images/Corbis

35 center Getty Images/Getty Images Sport/Getty Images

35 bottom Dani Winston/Transtock/Corbis

36 YOSHIKAZU TSUNO/AFP/Getty Images

37 DigitalGlobe/Getty Images

38-39 Gerlach Delissen/Corbis

ASTON MARTIN
MASERATI

市场营销策略。也许法拉利是汽车行业中第一个这么做的品牌，它在汽车世界中掀起了一场革命。

1948年是至关重要的一年，恩佐想专门针对竞技比赛开发生产新的赛车。但这款车关系着跃马品牌未来的发展，委托谁来设计这么重要的车辆呢？恩佐需要一个值得他信赖、让他有安全感的人选。1940年，他委托设计制造Auto Avio Costruzioni 815的米兰车身制造厂Carrozzeria Touring担此重任。这家公司以超轻量化车身设计而闻名，它在尽可能增强刚性的情况下大幅度对车身减重。Touring可以在保证强度的情况下，生产出没有任何锋利边缘、平顺光滑的车身线条。早期的法拉利166车系，特别是都灵Allemano车身制造厂设计的那一批车中，这是最显著的一个特点。最终法拉利166 MM Touring诞生，其中MM是Mille Miglia（1000英里拉力赛，一个非常著名的汽车赛事）的缩写。在那几年比赛中，来自马拉内罗的品牌法拉利连续夺得了多次胜利。法拉利166这款敞篷跑车动力来自一个60° 夹角的V12发动机，排量为122立方英寸（1999毫升）。从数据来看，它有142马力的动力输出。这款车当时备受瞩目，获得颇多赞赏。166的敞篷车身设计中没有车顶等上层结构，所以在车身前后轮拱之间的位置设置了加强筋。后来166 MM这种设计被定义为Barchetta（无车顶敞篷跑车）[①]，从那时起，Barchetta这个词便被用在了法拉利品牌下的敞篷车型上。此外166MM也采用了由其他汽车车身公司设计的车身，比如Vignale和Zagato。Zagato自20世纪30年代起便非常喜欢与恩佐·法拉利合作。当时它给法拉利所领导的阿尔法·罗密欧车队提供了很多车身相关服务。另外由米兰车身公司设计制造的Berlinetta（标准双门跑车）风格车身，具有柔软、圆润的车身线条，大型的侧窗由有机玻璃制成。有类似设计风格的车还有菲亚特Panoramica和蓝旗亚旗下的一些车型。法拉利的新车在比赛中获得的胜利引起了轰动，进而推进了166 Iner和GT版166 MM的宣传，另外一些车身制造厂，如Ghia、Vignale和Farina都给166提供了车身设计。Farina设计了淡雅的跑车车身，与它类似的车型设计有Cisitalia 202，

10页图注：创造过不少辉煌战绩的法拉利Soprt Prototipo 125 S 和 159 S ,1948年法拉利166 SC（Spyder Corsa）的动力来自一款前中置纵向安装的V12发动机，排量为122立方英寸（1999毫升）。

11页图注：Luigi Chinetti，之后将法拉利汽车引进美国的人。照片是他在1949年勒芒24小时大奖赛上，正驾驶着166 MM Touring在萨尔特赛道上通过Tertre Rouge弯。这是法拉利在勒芒24小时历史中的第一个胜利。

①本书中会出现多种意大利语定义的车型，其中Barchetta意大利语意为小船，指没有车顶的双座跑车；Berlinetta是标准双座跑车；Spider和Roadster都是敞篷跑车，只是叫法不同；Cabriolet 单指敞篷车；Coupe指轿跑。

1956年 恩佐·法拉利在马拉内罗与跃马品牌的运动原型车合影

图注：1953年，恩佐·法拉利在蒙扎GP大奖赛的P房中。和他一起的是他车队的车手阿尔贝托·阿斯卡里（左）和麦克·霍索恩（右）。

外敞篷版本配有可折叠的软顶；博通设计公司也生产了软顶敞版166。

1951年是这个马拉内罗品牌命运的转折点，英国银石GP大奖上，阿根廷车手冈萨雷斯驾驶法拉利375 F1击败了强大的阿尔·罗密欧车队，取得了胜利。这意味着恩佐赢了，法拉利车队赢。这是法拉利车队第一次赢得F1大奖赛的冠军，这个历史性的胜标志着这个伟大的跃马品牌打开了新时代的大门。这也是阿尔·罗密欧在赛场上衰败的开始。尽管法拉利公司在1951年赢得了界冠军，但是从次年起出于经济原因不再参加比赛。法拉利击败阿尔法·罗密欧这位老朋友，再无遗憾。当法拉利收到来自阿尔·罗密欧车队经理弗朗西斯科·夸罗尼祝贺的电报时，他回答说：请相信，我始终对我们的阿尔法如同对待初恋中的柔情少女、拥纯洁无瑕亲情的母亲一样。”法拉利的成功很快传到了大洋彼。恩佐马上意识到品牌国际化的重要性，接着他授权北美车队（North American Racing Team NART）的创始人兼车手路易吉·希奈特为法拉利在美国的独家进口商。这件事再一次证明法拉利的直觉是正确的，美国很快成为跃马品牌最重要的市场之一。

上图注：1952年8月2日，奇科·兰迪驾驶法拉利375 F1，在Boreham（英格兰）的Daily Mail Trophy 比赛上获得第二名。

赛车是激发恩佐激情的源泉，比赛与获胜高于一切，但恩佐始终能保持清晰的思路，不被胜利冲昏了头脑。1951年，法拉利在F1赛场的命运转折之年，恩佐首次尝到与Carrozzeria Scaglietti车身制造厂合作的甜头。Carrozzeria Scaglietti是塞西希奥·斯卡列蒂在摩德纳创办的一家车身制造厂，在与阿尔法·罗密欧车队深度合作的同时也在跟法拉利车队合作。Scaglietti立刻成为“Made in Maranello”（马拉内罗制造）的重要组成部分，位于摩德纳的工厂开始为法拉利制作GT车型的车身。Scaglietti比较令人难忘的艺术作品是两款Barchetta（无顶敞篷跑车）——250 California LWB和250 Testa Rossa，另外还有一款250 GTO Berlinetta。两家公司之间的合作一直顺利进行，没有间断地持续了20年。1975年，法拉利购买了Scaglietti大量的股权，于是Scaglietti成为法拉利公司一个重要的组成部分。直到现在，Carrozzeria Scaglietti仍然是法拉利的一部分。1997年，法拉利以Scaglietti的名字命名了一个个性化部门。2004年，法拉利再次向Scaglietti车身制造厂和设计师致敬，以Scaglietti来命名全新的2+2跑车612。不过这款车却由宾尼法利纳设计公司设计。它是456M的后继车型，用Sergio Scaglietti的姓来命名，是法拉利公司向有精湛的车身制造工艺的铝制车身先驱——Scaglietti车身制造厂致敬。这款车与著名的电影导演罗伯托·罗西里尼为他的演员妻子英格丽·褒曼定制的法拉利375 MM（1954年）一样，使用了全铝车身。

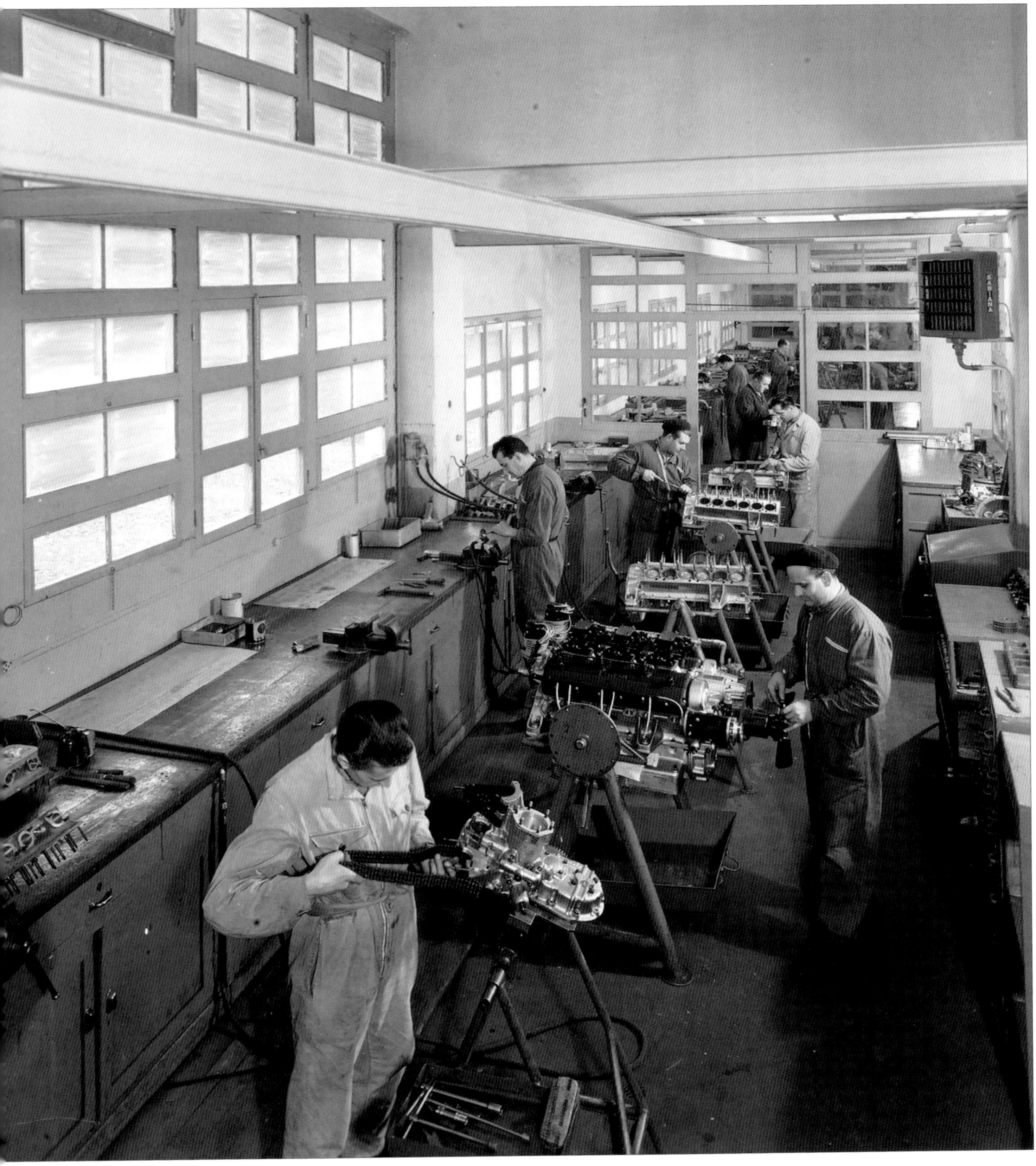

4页图注：法拉利375 MM Sport Competizione Berlinetta是宾尼法利纳公司设计的车型之一，1955年在都灵车展上首次亮相。它的一些设
计元素后来还用到了250车系的GT车型上。

5页图注：1950年，法拉利总部工厂，工人正在发动机生产线上忙碌着。

Scaglietti虽然极负盛名，是铝制车身的先驱，但是法拉利现在迫切需要的是一个设计师。为了找到一个合适人选，他不得不前往更远的地方寻找，于是他来到了都灵。都灵是意大利皮埃蒙特大区的首府，也是巴蒂斯塔·法尼亚（宾尼法利纳公司创始人）的出生地。巴蒂斯塔·法尼亚的小名叫“Pinin”，当地方言叫法为Giuseppino，这个名字表明他是法尼亚家族中最小的成员（Pinin的含义和英语名字中的Junior类似）。Carrozzeria Pinin Farina原本是订单式生产的车身制造厂。多年来，这家工厂迅速地增长，并用优秀的创意、设计以及高质量的服务闯出了一番天地。在20世纪５０年代初，大多数人都认为，恩佐·法拉利与宾尼法利纳之间的合作几乎是不可能的。两人都是强势、骄傲的性格，并且都出了名的脾气暴躁、易怒。然而事实证明这些人的想法是完全错误的。从两人第一次见面至今，马拉内罗的跃马品牌与这个都灵设计工作室已经合作了上百款宾尼法利纳设计的车型。他们合作已有60余年并且没有一点减弱的迹象。1951年，恩佐希望能与法尼亚会面，于是邀请他到摩德纳来。法尼亚回复道：“我早准备见他了，但我更希望他能先来都灵。”众所周知恩佐的个性：“他几乎没有离开过马拉内罗”。设计师法尼亚反驳道：“都灵不会是世界的尽头。”谈判差点就这样终止了，幸好塞尔吉奥·宾尼法利纳出面提出了新的建议（他是法尼亚的儿子，后来在2005年成为意大利终身议员）。他当时提出在亚历山德里亚省的托尔托纳这一中间地区进行一次会谈，对双方都公平。双方握手时就像法尼亚所说的“从一开始我们双方的目的就很明确：一个是优秀的设计师，正在寻找漂亮、出名的姑娘，想让她更美丽；另一个则是在寻找世界级的服装设计师，想让自己更美丽的漂亮姑娘。”这是法拉利和宾尼法利纳之间长期合作的基础。

恩佐·法拉利是这件事的推动者，是精神与灵魂之源。在他的鼓舞下，两家公司的员工都使足了劲儿，展开了积极合作。只有两个人觉得不需要他的鼓励和刺激——巴斯蒂塔和塞尔吉奥·宾尼法利纳。他们不需要任何动力驱使，也能全身心投入设计中去。他们引领了那个时代的设计路线，不仅创造出马拉内罗汽车的独特造型风格，也为全世界汽车领域的设计风格、技术发展做出了巨大贡献。他们超越了纯粹的设计和造型的界限，将车辆的机械性能美学特点更好地结合。恩佐·法拉利非常关注这个专注于空气动力学的设计公司，尤其对于宾尼法利纳在意大利首开先河地使用风洞一事，赞不绝口。

16-17页图注：20世纪50年代法拉利马拉内罗的工厂，生产设备替代了人工工作组，用以生产GT、F2赛车和运动型车辆。

19页图注：1960年4月在蒙扎会议上，意大利汽车两大巨头会晤：左边是设计师Battista Farina，昵称Pinin；右边则是恩佐·法拉利。

有两件事能够证明两家公司间情同手足的合作关系。第一件事是Dino Speciale车型的开发。这是一款在1965年巴黎车展上展示的原型车。在这辆车的研发阶段，宾尼法利纳公司坚持使用恩佐的儿子迪诺设计的122立方英寸（2.0升）V6发动机，并采用中置布局。但恩佐担心这种设计会让那些习惯了前置发动机跑车的客户觉得不安全。选择这种设计其实是有很多优点的，在车身设计方面，车前盖位置可以更低，从而提高可视性，让驾驶人视野更好，并且有好的空气动力学效应。另外，因为排气管不用再布置在车底，所以车辆重心也会有所降低。这种布局也能让驾驶室隔热性能更好。另外变速器尺寸很小且与发动机集成为一个小的动力单元，可使驾驶室空间更大。恩佐·法拉利通常从不接受任何人的建议，宁愿完全依靠他的经验、直觉本能去做判断。然而，这次他破例接受了宾尼法利纳的提议。确定好发动机的安装方式后，他们需要克服的困难就剩噪声问题和后方视野问题了。因为发动机安装在驾驶人背后，驾驶室内的噪声很大，而且使后方视野变小。

20-21页上图注：1960年，法拉利一个生产工厂内，车辆被放在一个凸起的平台上，以方便工人在车底的工作。

20-21页下图注：Dino Berlinetta Speciale跑车的原型设计图，这款车在1965年巴黎车展的宾尼法利纳展台进行发布。它是基于Dino 206 SP开发，其性能比发布于1967年第一个道路量产版Dino（206 GT）更为优秀。

testarossa

第二件事是Testarossa——1984年由宾尼法利纳公司设计的一款车。这款车是被用来挑战当时汽车造型风格的武器。Testarossa是512BB的后继车型，拥有深陷格栅的车门面板，如同百叶窗一样的格栅是空气流向散热器的通道。在灯组方面，车尾灯隐藏在黑色宽大的水平条状格栅后面。前期款车型上有个比较特别的设计，只在驾驶人一侧配有车外后视镜，并且是安装在A柱上。之后1987年该车型改款，改回更传统的双后视镜设计。将散热器从车头向车后侧移动的决定使得这款双门跑车的结构更加紧凑。车门百叶窗式侧进气格栅也让这款车的造型设计风格更独特。宾尼法利纳巧妙地将技术特点转化到设计元素当中去。同样的事情还体现在车辆轮距上，180° 夹角的V12。发动机必须安装在车辆中间，同时后轮胎必须选用比普通轮胎胎面宽更多的型号，才能将强大的动力（395马力）更好地传递到地面。后轮距比前轮距宽很多，使得Testarossa的楔形车体造型非常的成功。技术工程与美学设计再次完美融合。这次又是由宾尼法利纳提出了许多设计建议，才有了这款令人惊艳的Testarossa。

22页图注：塞尔吉奥·宾尼法利纳是法尼亚设计师的儿子。这是他1989年在巴黎车展上和法拉利Testarossa合影。他自2005年起被任命为意大利终身议员，也是1988~1992年意大利工业联合会的会长。

23页图注：法拉利Testarossa侧面百叶窗式门板的近距离照片，其作用是输送新鲜空气到散热器。这款车由宾尼法利纳设计公司设计，在1984年发布，在当时被用来挑战主流设计。

24-25页图注：恩佐·法拉利，1961年3月在蒙扎赛道的角落，协助单座156　F1赛车进行测试。这辆F1赛车使用了92立方英寸（1.5升）V6发动机，可以输出近193马力的功率。该发动机由工程师卡罗·希提设计，发动机的特点在于两个缸体间的V形夹角为120°。

法拉利与都灵设计公司间的关系愈为融洽，此时恩佐·法拉利遇到了人生中极为悲恸的事——他的儿子迪诺英年早逝。阿尔弗多·法拉利（与恩佐的哥哥、父亲同名），小名迪诺，出生于1932年，是法拉利与劳拉·加雷洛结婚后的孩子。迪诺不是法拉利唯一的子，他还有另一个儿子皮耶罗，出生于1945年，是恩佐与情人丽娜·拉尔迪的孩子。然而恩佐当时只将迪诺视为自己的接班人。迪诺是个非常有天赋的机械工程师，他当时正致力于研发一台用于二级方程式赛车使用的91.5立方英寸（1500毫升）发动机。迪诺积极地参了该项目，并且提出了创新式建议，使用结构更紧密的65° 夹角V6发动机。3.7升V6发动机首次亮相是安装在单座赛车Dino 156 F上，这是法拉利第一次采用6缸发动机，它一直使用到20世纪70年代初。有一点是毫无疑问的，迪诺非常有天赋，但是却病得很严重他被诊断出患有肌肉萎缩症，这是一种身体机能退化性疾病，在很短的时间内就会导致人的死亡。1956年时迪诺只有24岁，恩佐深打击，几乎被打倒。因为对儿子的思念让恩佐悲痛欲绝，从那时起这件事成为他个人以及职业道路上的一个心结。法拉利很快就明白儿子病情的严重性，于是请了很多优秀的医生与研究人员协助。“我被自己愚弄了”，他后来回忆说，“这些治疗无法挽回他的生命，但作为父亲又总是这样，希望把最好的东西给孩子。我对他就像对我的发动机那样精细，我做了一张图表记录食物的能量，确保迪诺吃

西不会损伤他的肾脏。我每天更新图表，记录蛋白、尿液比重、尿素氮平衡等一系列指标，让我清楚知道疾病进展的信息。但是现实残酷的，迪诺身体越来越差，肌肉萎缩症将让他离我而去，因为这可怕的疾病还没人能治愈。除了遗传预防，没有任何医学上的治疗法。有一天晚上，我看到这些每况愈下的数据，明白比赛输了。”恩佐·法拉利输了。这是他一生中唯一一次真正的失败，一次他想尽一办法去阻止也没能成功的失败。

现在快进到1961年10月，恩佐·法拉利还在因痛失爱子而固步不前，最后引发了“P房政变”事件，导致法拉利车队的8位成员被开。没有人知道事情的原委，有传闻说，当时恩佐的妻子在赛场上这一公共场合中打了8位成员中的一人，于是他们向法拉利提出正式请，要求法拉利的妻子远离赛道。恩佐的反应当然是愤怒的，并在之后把这8个人开除了。这8个被遣散的人中包括设计师卡罗·希提，原车负责人乔托·比扎里尼和竞技项目总监罗莫洛·塔沃尼。这些被开除的人又连同其他人成立了一个新的意大利车队，并且获得商界士的支持。这个新车队取名为Automobili Turismo Sport，简称ATS。ATS车队的建立立即获得了众人的关注，1963年在F1赛场上相，1964年推出了公路版跑车，但是最终创业失败了。

26-27页图注：有75辆赛车参加1967年5月的纽博格林1000公里（德国）耐力赛，这是世界级国际锦标赛中使用原型车参赛的比赛之一。63号车是法拉利250 LM，赛车手黑尼·沃尔特和皮特·迪茨勒在比赛中脱颖而出。

27页图注：1966年在纽博格林1000公里耐力赛中最有名的一部分赛道Nordschleife（北环），英国人理查德·阿特伍德正驾驶着Dino 206 S通
Karussell弯道。

在20世纪60年代末，恩佐·法拉利意识到，如果想继续在最高水平的比赛中竞争,他必须获得一个汽车业巨头的支持，除了分担参赛所需的开销压力，还能获得设计和开发未来公路版车型所需要的资源。但要这么做将不可避免地涉及出售公司股份的问题，这对于恩佐来说意味着一种妥协，一种失败。一旦他接受这件事，就意味着他将失去对竞赛相关项目的控制权。但是赛车是他的生命。当时福特汽车公司对马拉内罗的汽车品牌特别感兴趣，经理李·艾科卡代表公司与恩佐进行了谈判，不过美国总部明确地表示不能给予恩佐·法拉利足够的权利去参加比赛，因此谈判毫无悬念地失败了。底特律的高管们非常愤怒，于是在愤怒中找来FIA（Federazione Internazionale dell' Automobile，国际汽联）建立监管机制来为难法拉利。愤怒以让他们花巨资建立了一支梦之队，目的是在勒芒24小时耐力赛中击败法拉利，其结果是福特GT40在勒芒比赛中创下了1966~1969年四连冠的纪录。恩佐在挣扎中陷入日益困难的境地，幸好后来被菲亚特董事长乔瓦尼·阿涅利及其公司伸出援手才得以渡过难关。菲亚特高管们前往马拉内罗进行援助，这是去做慈善吗？当然不是，对于来自都灵的菲亚特来说，与法拉利合作成立合资公司在品牌价值和传播上是非常有利的。最初的协议是两家合作生产500台DinoV6发动机。这款发动机是为了在F2方程式比赛中夺冠而开发的，参赛的发动机需要生产一定数量才能获得许可。同时，马拉内罗生产公路版1967款Dino 206 GT车身上不再有跃马车标，该标记仅在12缸车型上保留。合作之后菲亚特也生产了自己的Dino车型，有宾尼法利纳公司设计的Dino Spider，博通设计公司制作的Dino Coupe。博通的设计虽然是溜背车型，但实际上是一个车尾倾斜很缓很长的掀背车型，后风窗玻璃就像一个大屏幕与行李箱盖结合。之后，法拉利车队得到了汽车业巨头菲亚特的庇护。

28页图注：1961年的意大利蒙扎大奖赛上，Phil Hill驾驶法拉利F1 156成为世界冠军，但他的队友Von Trips卷入了一场悲惨的事故，导致15名观众丧生。

28-29页图注：在Fiorano赛道上测试法拉利312 B3（1974）单座赛车后，瑞士赛车手Clay Regazzoni与机械师们开会。

1969年，恩佐又一次获得了人生的胜利，渡过了难关，但他不得不割让了50%的股权交给都灵汽车制造商菲亚特。一个简单的手仪式算是达成了这个协议。在20世纪50年代，菲亚特已经给了马拉内罗一些无担保的财务援助，这都要归功于法拉利车队，这是种给予性的投资，法拉利车队在比赛中获得胜利，提升了意大利汽车的品牌价值，也打开了销路。恩佐依旧可以完全自主地管理赛事相关事由，同时也有权使用法拉利的生产资金。这里应该指出的是，赛事管理和公路版车辆生产的资金在1964年被分离为两部分。种分离措施大大降低了公司陷入财政危机的风险，并且能够迅速恢复盈利能力。1969年，每个人都非常清楚恩佐将会在菲亚特的“护”下结束对法拉利公司的控制。当恩佐·法拉利承认自己与皮耶罗·拉尔迪i的父子关系并以他的名字注册了10%的股份时，这时已很明显，剩下40%的股份早已在前往都灵的路上了。当时菲亚特的总经理切萨雷·罗米蒂，决定将1969年的握手仪式变成一个正式的面协议。这件事发生在20世纪80年代初，但直到1988年仍然是一个秘密——一个公开的秘密。因为几乎每个人都知道（当然是非正的方式），90%的跃马品牌股份都属于菲亚特。

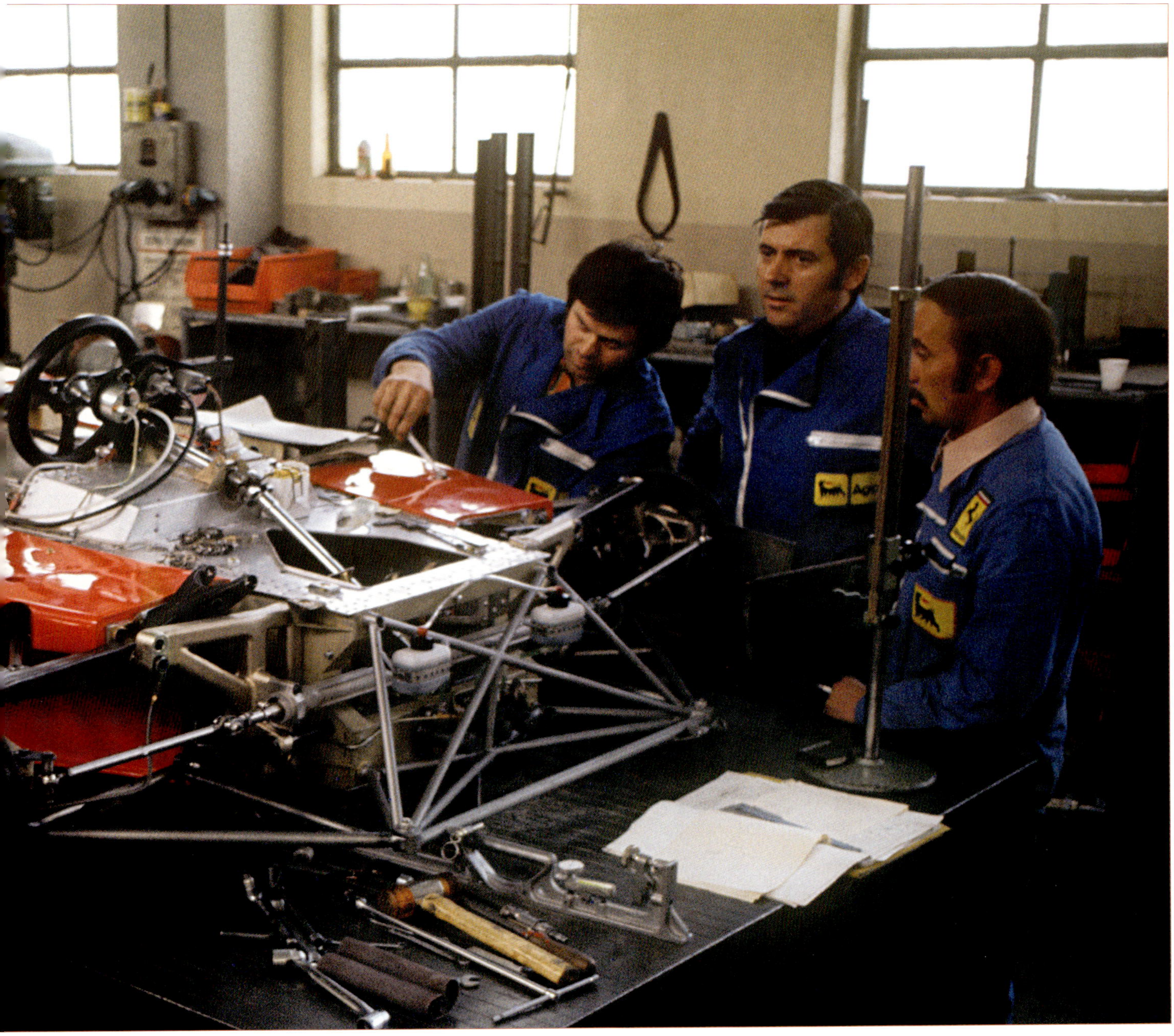

菲亚特给予法拉利宽松的自治权，保证恩佐掌管所有竞赛活动的事情，同时也让他实现了他几乎不可能实现的梦想：修建一条测试赛道，重现世界上各种赛道中最复杂的部分——这是个纯粹的乌托邦。对于恩佐来说，这是他一直想实现的梦想，就像他不断追寻的胜利一样。这条赛道名为Fiorano，马拉内罗几公里外。Fiorano赛道后来被当作一个试验场，用于测试赛车，同时也可测试公路版量产车。为了让法拉利车队的队员们更有竞争力，这条测试赛道也被用来训练车手和机械师。这条赛道今天仍然在使用。它的路面最小宽度为27.5英尺（8.4米），长度为1.9英里（3公里），共有13个弯道。这条赛道一圈下来平均速度约为100英里/时（160公里/时），现代的单座赛车能够达到约180英里/时（约300公里/时）的速度。恩佐神魂颠倒地爱上了这条赛道，并且在离城区这么远的地方建了一个小房子，既用于居住也用于办公。他移居到这里工作，并将这个房子留给了后人。恩佐也有了新的判断方法：从那个时候起，如果一款新开发的车没有通过Fiorano赛道的满分测试，那么就不能参赛或进行量产。这个机制一直延续到今天。2007年，法拉利高管们将一款双门跑车命名为Fiorano。599 GTB Fiorano有一个前置V12发动机，是第一辆装有电磁可调悬架的法拉利跑车。

7 LAPS
1
+9
2 LAUDA
9
5 FITTI.E

1973年，在Fiorano赛道施工后没多久，法拉利公司还发生了另一件重要的事：卢卡·克劳德洛·迪·蒙特泽莫罗加盟法拉利。蒙特泽莫罗就像上帝的礼物，他年仅26岁，担任公司的下一任经理工作，在未来将领导马拉内罗公司。起初蒙特泽莫罗是恩佐·法拉利的助理，被任命为法拉利车队的总监。他的努力在1975年得到了回报，法拉利车队赢得了1975年的世界制造商冠军。很快马拉内罗成为这位来自博洛尼亚、野心勃勃的年轻经理的理想起点，不久后他加入了以乔瓦尼·阿涅利为首的菲亚特董事会，接着先后在菲亚特旗下的出版公司、银行业务和其他竞技部门担任要职。这不是他对法拉利公司说“拜拜”，而是“回头见”。14年后的事实证明确实是这样。1991年，蒙特泽莫罗回到马拉内罗继续担任法拉利公司的总裁。他仍然是一个重要的角色，作为主要负责人，他一直到2006年才结束这份工作。

0页图注：1978年意大利大奖赛上的法拉利车队，卢卡·克劳德洛·迪·蒙特泽莫罗命令阿根廷车手卡洛斯·瑞特曼驾驶法拉利312 T3第三个冲过终点线。一直到比赛的最后阶段，这辆车都没有进入过维修区。

1页上图注：尼基·劳达与法拉利车队经理卢卡·克劳德洛·迪·蒙特泽莫罗在1974年德国大奖赛前商量策略。看来策略是正确的，这位奥地利车手进入赛道后的第一个计时圈便夺得了杆位。

1页下图注：尼基·劳达是1975年瑞典大奖赛的冠军，他正与队友克雷·雷加佐尼和法拉利车队经理卢卡·科尔德罗·迪·蒙特泽莫罗分析具体事宜。

对于法拉利公司来说，不管在比赛、人事还是商业上，整个20世纪80年代都是黑暗时期。第一个重大打击发生在1977年，车手尼基·劳达离开法拉利车队。他走后由加拿大人维伦纽夫接替。维伦纽夫与恩佐感情较好，亲如父子。当维伦纽夫在1982年意大利大奖赛的预赛中死亡时，恩佐·法拉利觉得生活中的一束光永远消失了。尽管悲剧不断，马拉内罗还在持续打造新车。这些跑车注定会成为传奇座驾，其中第一辆传奇车注定型就是法拉利288 GTO。从外观来看它与308相似，但它圆润的轮拱翼子板更富肌肉感。整车的姿态也比较低，车尾的尾翼比308更大。下一款成功车型是Testarossa，宾尼法利纳公司的杰作。在这款车上，为克服机械布局和技术问题而做了不少创新型设计，如用百叶窗来冷却后置式散热器——这使得这款车脱颖而出。在这之后还有法拉利412，一款线条简洁柔美的2+2旗舰车型。可惜大型GT跑车的销售成绩一般，另外赛场上的胜利消息也许久没有传来，甚至连F40这个竞技级的公路用车发布，也不能让恩佐满足。F40是一个令人轰动的产品，它是288 GTO的灵魂继承者，它的成功超出了所有人的预期。这辆车需求有多大？大到迫使法拉利不断增加产量，最终超过1300辆。这让F40成为一个传奇。这款车还是由宾尼法利纳设计公司设计，它有一个原始、正统的外观造型，这是法拉利公司还由恩佐管理的最后一款超级跑车。1988年8月14日，恩佐·法拉利去世，享年90岁。按照他的遗愿，安葬仪式过后，他去世的消息才被公布。他被埋葬在他心爱的儿子迪诺的旁边。恩佐·法拉利毕其一生，致力于提高赛车性能以不断摘取桂冠，被称为“赛车之父”。

32-33页图注：1978年6月4日，在西班牙Jarama赛道上，吉尔斯·维伦纽夫驾驶着法拉利312 T3赛车。这位加拿大赛车手在F1锦标赛上因为轮胎有点问题，只获得了第十位。

Marlboro
Agip
12
HEUER
MICHELIN
Agip
Agip

34页上图注：1993~2007年，法国人让·托德担任法拉利车队的总经理。

34页下图注：2003年的日本大奖赛上，让·托德庆祝巴里切罗夺得本站冠军以及迈克尔·舒马赫赢得第六个世界冠军。

在失去领导人之后，马拉内罗的上空如乌云密布，老
人卢卡·克劳德洛·迪·蒙特泽莫罗回归旧地准备驱散这些
云。此时已是1991年，距跃马品牌上次在F1赛场上获得车
世界冠军已有12年了。之后的两件事扭转了法拉利车队在
场上的命运：一是让·托德出任了车队经理，这是第一次由
意大利人带领法拉利车队；二是车队签署了一位世界级的
手——无与伦比的迈克尔·舒马赫。2000年，法拉利车队
新回到了冠军宝座上，并与德国王牌车手舒马赫合作一直
胜利持续到2004年，连续创造多次F1车手世界冠军和F1
造商世界冠军。这个五连冠成为顶级赛车运动历史上前所
有的传奇。法拉利在赛场上不断创造奇迹的同时，在民用车
面也有好消息，355和360 Modena令销售数字扭亏为盈。
得归功于持续的技术发展和一直由宾尼法利纳所负责的造
设计。355 Berlinetta是首款将地面效应引入空气动力学
计中去的公路跑车，这是一项比较完美的创新技术。再看36
Modena，它打破了当时的常规造型设计，见证了法拉利全
造型的灵感来源：古老的、神秘的、无所不能的空气。此后，
马拉内罗的跑车都有一个显著的空气动力学特性：空气从
进气格栅进入，被引导后流过散热器再通过中间凸起部分
下方，最后流过后悬架组件从尾部经扩散器流出。这种设
在汽车高速行驶时能增加汽车的下压力。这一时期推出的
拉利在外观设计方面进入了一个新纪元。法拉利再次走向
轨，但它的对手却危机四伏——1997年，菲亚特收购了玛莎
蒂。

一直以来，玛莎拉蒂都是法拉利的对手，在世界各地

缠斗了几千次。恩佐·法拉利从车手到运动部门经理再到汽制造商，这个转变的过程都被既是朋友又是对手的阿道夫·尔西（玛莎拉蒂曾经的老板）所驱使着。后来，玛莎拉蒂成为拉利的一部分，一直持续到2005年，然后被菲亚特收购。

1997年，法拉利建立了自己的风洞实验室，由世界著名设师Renzo Piano设计。这个风洞实验室外观更像发动机的一部件，而不像一栋建筑。风洞的中心部分是一个262英尺80米）长的管状通道和一个直径5米的涡轮风扇（通过导管送空气）。风洞气流的速度可以调节，能够模拟1:2大小的模实现155英里/时的最高速度（250公里/时），而实际大小的型车则可以模拟出93英里/时（150公里/时）的速度。另外还一个复合的配套系统，能与风速同步的旋转路面可以实现模车辆实际驾驶期间的侧倾、偏航、俯仰和转弯。这个风洞是项技术革新，在现代汽车发展史上扮演着非常重要的角色，在仍然在运行中。恩佐·法拉利如果在世，一定会为这个风而欣喜若狂。

风洞只是众多发展更广计划中的一部分。“Formula omo”（以人为中心理念）项目是由蒙特泽莫罗提倡和推进，目的在于将马拉内罗的产品和服务进行彻底的革新。发展目包括：新的工程机械车间，来装配法拉利和玛莎拉蒂的发机；完善的售后服务，不管是公路量产车的运输交付还是车移动服务；在车间以及周围环境中种植大量的植物，保护生环境。蒙特泽莫罗很喜欢一句话，“打造卓越的产品需要优的人才，同时也需要理想的工作环境和生态条件。”到此，法利品牌已经成为一个完整的生态系统。

法拉利在马拉内罗的风洞，1997年揭牌。

1998年，在马拉内罗的风洞内测试F300单座赛车。

1999年款360 Modena双门跑车，造型独特，具有不错的空气动力学效应。

2002年，超级跑车法拉利恩佐ENZO诞生，这是世界跑车领域罕见的事情，当时谁能想到在F40、F50已经成为法拉利公路版高性能跑车的巅峰之作时，还能推出更高性能的ENZO。这款车不仅是纪念恩佐·法拉利，也将世界F1赛车的艺术设计、技术特点都纳入了公路版汽车中。车头设计、碳纤维复合材质和蜂窝铝夹层，以及单体壳结构都是从法拉利单座赛车上获取的技术。法拉利品牌价值大大超越了对手成为跑车行业的领导者，成功地从意大利吸引到众多投资者。2006年，阿布扎比的穆巴达拉发展公司收购了该公司5%的股份。接着穆巴达拉推进了“阿布扎比法拉利世界主题公园”的建设，这是世界上第一个汽车品牌的主题公园。如果法拉利公司没有推出F430、599 GTB Fiorano、458 Italia和F12等车型，那么它的未来也令人担忧，因为商业上的成功离不开技术的创新，例如在法拉利FF上装备的四轮驱动技术。同时还有California，这是法拉利第一款硬顶可折叠的敞篷轿跑，使得品牌形象得到进一步提升。这款车真正实现了设计上的突破，它是法拉利第一个使用前置V8发动机、放弃传统前置V12发动机的车，并且使用了来自F1的电控液压双离合变速器。在这款车上，法拉利首次采用了缸内直喷技术。2012年，第一个意大利之外的法拉利博物馆在中国上海正式成立。同时，法拉利还在开发一种超级跑车，它与以往由马拉内罗生产的汽车相比能达到最极致的表现，这就是Laferrari。这是跃马品牌第一款串联混合动力车型。其设计已经达到了双门跑车的极致，是F40、F50和恩佐的后继车型。Laferrari的设计使法拉利进入一个新的时代。未来，法拉利还会推出更多出色的产品，让这不朽的传奇品牌得以延续。

36页图注：法拉利主席，卢卡·克劳德洛·迪·蒙特泽莫罗，在东京的意大利大使馆。他身后是法拉利FF四座轿跑。
37页图注：鸟瞰阿拉伯联合酋长国的阿布扎比法拉利世界主题公园。该公园于2010年建成，是世界上第一个汽车品牌的主题公园。
38-39页图注：跃马品牌的混合动力跑车，配备了384立方英寸（6.3升）的VI2发动机，能够输出811马力，与之配合的是一款165马力的电动机，两者结合可以输出976马力的功率。

Ferrari

当恩佐·法拉利和焦阿基诺·科伦坡决定将91.5立方英寸（1.5升）的V12发动机装入125 S的纵置十字交叉结构底盘中时，他们就决定将相同的动力总成放在单座赛车上去参加Grand Prix级别的大奖赛，这是现代F1大奖赛的前身。当时这一级别赛事条例中规定使用91.5立方英寸（1.5升）的发动机并且要带有机械增压系统。在制作自然吸气式发动机的同时，科伦坡也在研发设计机械增压版的V12发动机，这是为了成为第一辆参加Grand Prix大奖赛的法拉利而做的动力系统。这款车被称为125 F1或GPC（Gran Premio Compressore）。125 S创造的好成绩再次激励了恩佐对赛车上的激情。这辆车立即就投入了销售，那些选择用125 S参赛的人还得到了后勤保障与技术支持。恩佐印刷了一批宣传手册作为125 S的广告。这本手册的特点在于封面和第二页上都印有两个大大的跃马，这也就是之后公司的商标。这种宣传方式是比较早的

下图注：1949年8月20日在英国银石赛车场举行的Daily Express International Trophy大奖赛上，阿尔贝托·阿斯卡里驾驶着法拉利125 F1超过了一直领头的由尼诺·法里纳驾驶的玛莎拉蒂。另一个驾驶法拉利赛车的是路易吉·维洛雷西。

顶梁。因为当时明令禁止使用钢筋混凝土施工，钢铁也被禁止使用。这些材料在当时都是战争物资，不能私自使用。

摆脱了阿尔法·罗密欧公司的合同限制后，恩佐·法拉利在心中萌生出一个新想法，他希望制造一辆以自己名字命名的新车。法拉利开始联系之前他在阿尔法·罗密欧工作时一些值得信赖的同事，包括技术员朱塞佩·比索，测试人员伦格·巴兹和设计师焦阿基诺·科伦坡。科伦坡在1947年被恩佐赋予了一项重要任务，设计出第一台真正的法拉利。第一台法拉利汽车被命名为125 S，动力来自一台前纵置91.5立方英寸（1.5升）的V12发动机。选用新发动机需要非常大的勇气，无疑这比循环再利用Auto Avio Costruzioni 815的那款8缸发动机要花费更昂贵的代价。但是做出这个选择是非常有必要的，它肩负着回到赛场之后立即夺冠的重任。为了重启公司，恩佐已背负了相当多的债务，他需要有一辆车能够给银行和债权人留下好的印象。因此125 S不得不以一个现代化的、最先进胜利者的姿态示人。幸好这款车达到了预期效果。经过5个月的时间，它刚参赛就在14场比赛中获得6场优胜。法拉利的传奇就此诞生。

的打击。Auto Avio Costruzionni为了制造滚珠轴承开始生产研磨机床，虽然生产这东西是可以盈利的，但对于恩佐·法拉利来说这仅仅是份工作，他对这些并不感兴趣，没有什么东西可以替代他对赛车的热情。后来战争开始走向终结，摩德纳遭受被轰炸的威胁，于是恩佐将公司从摩德纳迁到距市区19公里外的马拉内罗。此后，马拉内罗成为法拉利公司的总部。至于为什么选择马拉内罗，被赛车手们称为“Grand Old Man”的恩佐确信，德军的轰炸会让大城市损失惨重，而农村乡镇则刚好相反，受到的影响会小一些。然而非常不幸的是他错了，1944年Auto Avio Costruzioni的厂房被炸毁，直接夷为平地。不过很快恩佐又在原址上建立起新的厂房，新厂房是一个带有拱门入口的红色建筑，底部有黄赭石色的缘石。这个风格一直保持到现在，它是法拉利公司标志性的一部分。这间厂房使用传统的建筑方式建造：砖墙和木屋

下图注：1940年的Auto Avio Costruziono 815，是恩佐·法拉利创造的第一款车型，其车身由米兰的Carrozzeria Touring车身制造厂打造。它的动力系统是一款91立方英寸（1496毫米）的8气缸发动机。这款发动机重达1377磅（625千克），能够让这款车跑出105英里/时（169公里/时）的速度。

1939年，恩佐在阿尔法·罗密欧公司效力了十年后，因与阿尔法在车队管理上产生了无法协调的分歧意见而离开了车队。不过在他离开前，他签署了一项合同，对他以后从事赛车或是设计汽车方面的工作方式进行限制，他不能使用自己的名字去生产汽车或是作为车队符号，限制时间是四年。不过这个问题很快就解决了，1940年，他利用阿尔法·罗密欧公司的遣散费，在摩德纳创办了Auto Avio Costruzioi公司。在恩佐的车间里主要生产两款Spider敞篷跑车，这些车的大部分零件都来自菲亚特。这些车的推出获得了成功，而成功的原因则来自流线型的双座跑车设计，以及91.5立方英寸（1.5升）的8缸发动机。车身由米兰的CarrozzeriaTouring车身制造厂制作，灵感则来源于1939年的阿尔法·罗密欧6C 2500 SS。这家米兰的车身制造厂在Touring Superleggera（超级轻量化）方面独具特色，就如同它的品牌名所诠释的那样。这种车身制造工艺在1936年推出，由细钢管框架底盘和铝制车身面板组成，这是现代承载式车身工艺的先驱。

恩佐所做的一切似乎都是为了达成新的成就，他希望能建立属于自己的功绩，实现人生的梦想。但是随着第二次世界大战的爆发，所有的事情都改变了。所有的赛车比赛都被取消，各产业都要为军工服务，这对于恩佐来说是个残酷

法拉利,这是一个传奇的名字,也蕴含了一个非同寻常的故事。在这个世界上几乎没有哪个汽车品牌能和创始人的名字、个性如此紧密地联系在一起。跃腾而起的烈马是这个品牌的灵魂。恩佐·法拉利,1898年2月18日出生于意大利的摩德纳。年轻的恩佐人生中第一次接触到机械工程,是因为他父亲,工厂工匠阿尔弗雷多。在恩佐此后的人生中,靠着卓越的个人能力,将众多不可能之事化为可能。为了赞扬恩佐辉煌的一生,大家尊称他为“德雷克”。这个昵称取自弗朗西斯·德雷克爵士的名字。德雷克爵士在英国海军中担任伊丽莎白时代的私掠船船长,在1588年的海战中率领英国舰队击败过西班牙无敌舰队。恩佐早年的生活非常不易,1915年,他的父亲以及小名叫迪诺的哥哥阿尔弗雷多(与父亲同名)都相继去世。恩佐本人也因为得了收缩性胸膜炎,然后光荣地从意大利皇家陆军退役。第一次世界大战结束后,恩佐希望去菲亚特工作,但是被拒绝了。后来,他在米兰一家机械制造公司CMN(Costruzioni Meccaniche Nazionali)从事小型机械工程方面的工作。1920年,他开始代表阿尔法·罗密欧公司参加赛车比赛。几年后,他赢得了意大利拉文纳附近赛车场举办的萨维奥大奖赛冠军。赛后,恩佐收到了一位母亲送来的礼物。她儿子是第一次世界大战中的王牌飞行员弗朗切斯科·巴拉卡,曾经获得过金质勇气勋章。这位母亲给恩佐展示了她的礼物,一个跃马徽章——这个徽章曾经涂装在她已故儿子的飞机机身上,这位母亲希望恩佐能将这个徽章作为吉祥物涂装在他的赛车上。之后这个徽章成为法拉利车队的象征,自1932年以来,所有的法拉利汽车上都有这个跃马标志。这件事成为汽车历史上的一个里程碑。

1929年,恩佐刚从严重的神经衰弱状态下顺利恢复过来,就被阿尔法·罗密欧邀请到米兰,创建一支由阿尔法·罗密欧管理的赛车车队。这个车队就是以后大名鼎鼎的法拉利车队,恩佐在自己梦想的强力驱使下,经常给自己施压,做出一些有远见的决定,比如他说服了业内资深汽车设计师维托里奥·亚诺离开菲亚特加入自己的车队。最初,恩佐并不仅仅是车队的创办者和决策者,同时还是车手。恩佐一直坚持自己亲自上场参赛,直到1932年他的儿子迪诺出生(迪诺这个名字寄托了恩佐对已故哥哥的怀念)。后来,一个又一个的胜利接踵而至,法拉利车队的规模稳步增长,最终雇用了40多个车手。其中不乏有名气的车手:安东尼奥·阿斯卡里、朱塞佩·坎帕里和塔齐奥·诺沃拉利。实际上这支车队已经从一个汽车制造商下属车队转变为一支拥有自主权、独立运营的团队,阿尔法·罗密欧对这支车队的成功感到惊愕,想尽一切办法保持自己的控制权。为了让车队与自己的品牌联系得更紧密,1927年,阿尔法·罗密欧任命恩佐为Alfa Corse赛事部门的竞技项目总监。这是非同寻常的,因为恩佐既不是工程师、设计师,也不是职业经理人,他没有任何汽车制造商的经验,不管在比赛、制定策略还是挑选车手方面,他所做的事情都是凭直觉进行的。恩佐·法拉利说:“我遇到过和我一样无比热爱汽车的人,但是,我从来没有遇到过像我这样固执的人。在满腔热情的激励下,我只专注于赛车。我没有精力也没有时间去做其他事情,也没有其他想做的事情。”这或许就是恩佐·法拉利成功的奥秘所在。

法拉利：传奇的历史

上图注：此时恩佐·法拉利效力于阿尔法·罗密欧车队。他的赛车是Vittorio Jano设计的阿尔法·罗密欧P2。这款车的动力系统是121立方英寸（1987毫升）直列8缸机械增压发动机（1924年7月5日）。

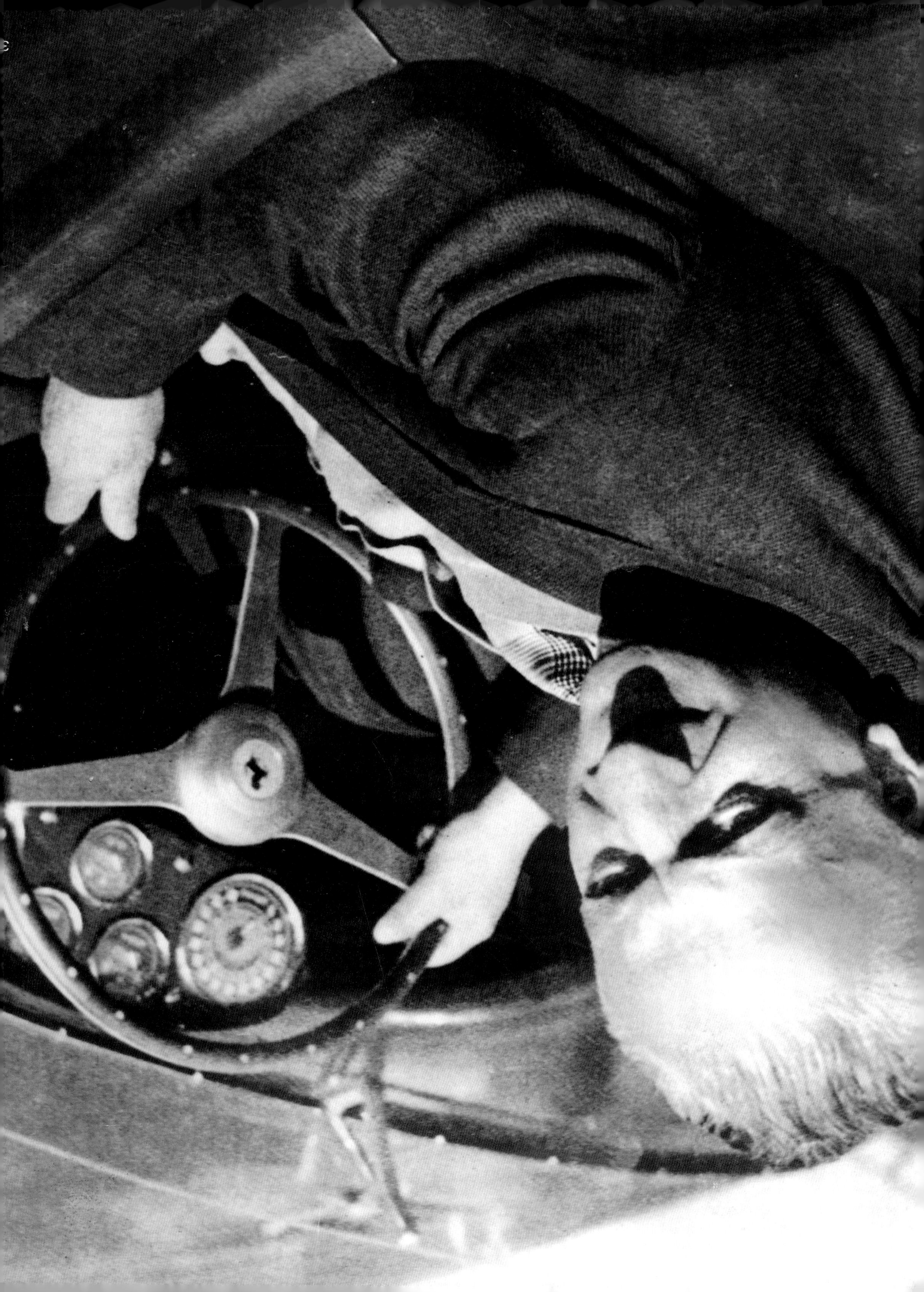

我一直对车不怎么感兴趣，但是法拉利却一直让我着迷

我一直认为他是来自西方的英雄：孤傲，狂躁，倔强，一生坎坷但又无比高贵

他的“法拉利”和他沉默时的思考，都是他存在过的证明，熠熠生辉

他不是一个普通的意大利艾米利亚人，他靠自己的双手打造了世界的宝石——法拉利

他是一个有梦想并最终实现了梦想的伟大的人

恩佐·比亚吉

右页图注：恩佐·法拉利，马拉内罗品牌的创始人，他是法拉利的灵魂。照片拍摄于1964年4月，他坐在自己创造的车上。

THE HISTORY OF A LEGEND

Ferrari
名车传奇 法拉利

传奇历史

机械工业出版社
CHINA MACHINE PRESS